PRINCIPES DU BORNAGE,

PAR

A. S. MORIN,

Avocat, ancien Sous-Préfet, ancien membre du Conseil général d'Eure-et-Loir.

PARIS

A. MARESCQ AINÉ, LIBRAIRE-ÉDITEUR,

SUCCESSEUR DE MARESCQ ET DUJARDIN,

RUE SOUFFLOT, 17.

1860

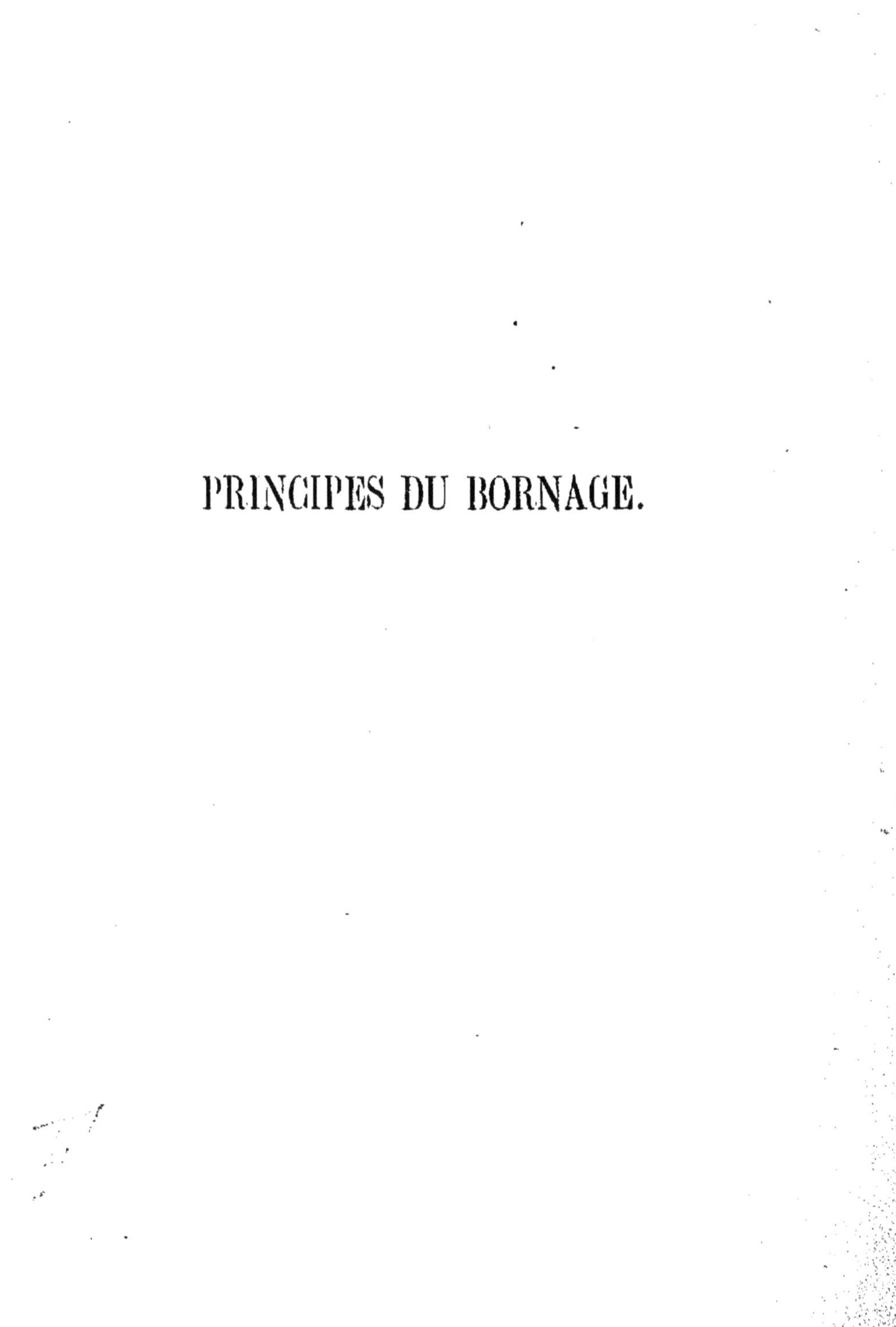

PRINCIPES DU BORNAGE.

PRINCIPES
DU BORNAGE,

PAR

A. S. MORIN,

Avocat, ancien Sous-Préfet, ancien membre du Conseil général d'Eure-et-Loir.

PARIS
A. MARESCQ AINÉ, LIBRAIRE-ÉDITEUR,
SUCCESSEUR DE MARESCQ ET DUJARDIN,
RUE SOUFFLOT, 17.

1860

PRINCIPES DU BORNAGE.

CHAPITRE Ier.

PRÉLIMINAIRES.

Dans beaucoup de contrées, les héritages ruraux n'ont aucune clôture, et aucun ouvrage ni signe constant ne sert à en déterminer les limites. Pour prévenir les anticipations qui pourraient avoir lieu et les procès qui en seraient la suite, la loi a autorisé chaque propriétaire à exiger le bornage, afin que les limites de sa propriété se trouvant par là fixées d'une manière invariable, toute anticipation ultérieure pût être facilement reconnue et réparée. L'article 647 du Code Napoléon est ainsi conçu : « Tout propriétaire peut obliger son voisin au bornage de leurs propriétés contiguës. Le bornage se fait à frais communs. » Les actions en bornage qui étaient de la compétence des tribunaux de première instance, ont été placées dans les attributions des Juges de paix par l'article 6 de la loi du 25 mai 1838, ainsi conçu : « Les Juges de paix connaissent à charge d'appel... 2o des actions en bornage et de celles relatives à la distance prescrite par la loi, les réglements particuliers et l'usage des lieux, pour les plantations d'arbres ou de haies, lorsque la propriété ou les titres qui l'établissent ne seront pas contestés. »

Ces deux textes sont les seuls qui régissent la matière. Il est à regretter que le législateur n'ait pas posé les règles d'après lesquelles devait se faire le bornage : pour suppléer à ce silence, on doit recourir aux principes généraux du droit et aux principes immuables et imprescriptibles de l'équité.

Quand un propriétaire demande le bornage de son héritage, il peut se faire qu'il se trouve d'accord avec ses voisins pour conserver la ligne qui sépare actuellement leurs héritages : alors il n'y a aucune difficulté, il ne s'agit que de planter des bornes aux extrémités de cette ligne si elle est droite, et aux sommets des angles si c'est une ligne brisée, et de prendre les précautions dont nous parlerons plus loin pour que cette ligne puisse toujours et avec facilité être retrouvée, même en cas d'enlèvement ou de déplacement des bornes.

Mais si par suite d'une demande en bornage, une des parties s'oppose à ce que l'on borne d'après la possession actuelle, et demande par conséquent le déplacement de la ligne séparative des héritages, comment doit-on procéder?

Comme nul ne doit être dépouillé de ce qu'il possède, à moins qu'il ne soit prouvé qu'il possédait indûment, la possession actuelle devra, suivant nous, servir de règle, à moins que l'une des parties ne se plaigne d'une usurpation commise à son préjudice par son voisin, et n'en demande la réparation par le rétablissement de l'ancien état de choses. Mais alors ce sera à celui qui affirme le fait matériel de l'anticipation, à le prouver à ses risques et périls : comme il est demandeur sur ce point, c'est à lui qu'incombe le fardeau de la preuve. Il ne lui suffira pas d'alléguer d'une manière vague que son voisin s'est agrandi à ses dépens : il devra préciser son dire, prouver qu'à telle époque son champ s'étendait jusqu'à tel endroit, produire en un mot tous les éléments pour établir qu'il y a eu usurpation et en quoi elle a consisté.

Un système tout différent a été adopté par la plupart des auteurs et a prévalu dans la pratique. Quand une action en bornage est intentée, le juge, sans même qu'aucune des parties conteste la possession actuelle, ordonne l'apport des titres et l'arpentage des champs qu'il s'agit de borner, puis fait la répartition de la contenance totale des champs proportionnellement aux contenances portées aux titres. Ce système est en opposition manifeste avec ce principe du bon sens, qui veut que les conventions n'aient d'effet qu'entre les parties contractantes et ne puissent être opposées aux tiers (article 1165 du Code Napoléon); il est aussi contraire à la loi qu'à l'équité. Déjà, dans plusieurs publications (1), nous l'avons combattu de toutes nos forces : comme nous avons à lutter contre un usage fort ancien, suivi par la plupart des tribunaux, défendu par beaucoup d'éminents jurisconsultes, nous ne pouvons nous dissimuler combien notre tâche est rude. Mais profondément convaincu de la vérité de notre thèse et de l'utilité de notre but, c'est pour nous un devoir de combattre une erreur funeste qui ne s'est accréditée que par un entraînement irréfléchi, sans que la question ait été nettement posée ni sérieusement débattue. Nous appelons sur cette matière le grand jour de la discussion, persuadé qu'un examen consciencieux fera justice d'une tradition routinière. Nous nous attacherons à réfuter les objections qui nous ont été proposées.

Nous discuterons les autres questions concernant le bornage, de manière que notre ouvrage puisse servir de manuel aux personnes qui s'occupent de cette matière.

Nous devons d'abord examiner l'autorité des titres en matière de propriété immobilière.

CHAPITRE II.

C'EST PAR LA POSSESSION ET NON PAR LES TITRES, QUE SE PROUVE LA PROPRIÉTÉ.

« Les conventions n'ont d'effet qu'entre les parties contractantes; elles ne nuisent point au tiers, et elles ne lui profitent que dans le cas prévu par l'article 1121. » (Article 1165 du Code Napoléon.)

Cette règle, conforme aux principes de l'ancienne jurisprudence,

(1) *Revue critique de législation et de jurisprudence*, décembre 1855, page 508; *Annales et journal spécial des justices de paix*, 1856, pages 165 et 256; *Journal des Géomètres*, 1856, pages 260 et 284, et année 1857, pages 30, 57, 85, 167 et 294.

est dictée par la justice et le bon sens. Il est clair que les parties qui concourent à un contrat ne peuvent, par leurs conventions, rien faire qui oblige les tiers, qui puisse modifier les droits de ceux-ci. « C'est du consentement de ceux qui les font, dit Toullier, que les obligations tirent leur force obligatoire. Il est donc évident qu'elles n'ont d'effet qu'entre les contractants, et qu'elles ne peuvent nuire aux tierces personnes pour lesquelles ils n'avaient pas le pouvoir d'agir, comme aussi elles ne profitent à ces tiers que dans le cas prévu par l'article 1121. » (*Droit civil français,* t. VI, nº 341). — Les conventions font la loi des parties, mais seulement des parties, et non des tiers pour lesquels elles sont chose étrangère, et, comme on dit au Palais, *res inter alios acta.*

Cela posé, qu'est-ce qu'un acte translatif de propriété? C'est un acte par lequel une personne transmet à une autre tous les droits qu'elle a ou peut avoir sur un certain immeuble. L'acquéreur se trouve par là subrogé dans tous les droits de son cédant, rien de moins, mais aussi rien de plus. Que l'acte soit sous seings privés ou notarié, peu importe : la seule chose qu'il constate à l'égard des tiers, c'est le fait de la transmission. Si l'acquéreur veut s'en prévaloir vis-à-vis des tiers, il n'aura pas plus de droits que n'en avait son cédant qui n'a pu donner plus qu'il n'avait ; il ne sera donc pas dans une meilleure condition que ne serait le cédant lui-même si la cession n'eût pas eu lieu. Si l'acquéreur ne se contentant pas d'exciper des droits de son cédant immédiat, remonte au précédent, et ainsi de suite, la question sera toujours la même, et le nombre des mutations ne donnera pas plus de force aux droits allégués qui, en définitive, se réduisent à ceux de l'auteur primitif. La filiation des titres s'arrête nécessairement à un premier auteur, au-delà duquel il n'y a plus rien : tout ce qui résulte de ces titres, c'est qu'une certaine personne se prétendant propriétaire de tel immeuble, a transmis ses droits à un particulier qui les a cédés à un autre, et ainsi de suite, jusqu'au dernier acquéreur ; mais rien ne prouve que le premier auteur fût réellement et légitimement propriétaire. On ne peut se faire un titre à soi-même ; il ne suffit pas de se dire propriétaire pour l'être en effet; et comme l'acquéreur ne peut avoir plus de droits que son auteur, on peut lui opposer tous les moyens qu'on opposerait à celui-ci. Le dernier acquéreur, en présentant sa liasse de titres, ne fait donc que répéter ce qu'a déclaré l'auteur primitif, savoir qu'il se disait propriétaire de l'immeuble. Mais cette déclaration répétée à chaque transmission, ne peut tenir lieu de preuve.

Un exemple fera mieux ressortir notre démonstration. — Il y a quatre-vingts ans, deux frères, Pierre et Paul, croyaient avoir respectivement des droits sur deux champs. Pierre a vendu le champ qu'il regardait comme lui appartenant; l'acquéreur l'a revendu, et ainsi de suite; après vingt transmissions, le dernier acquéreur est Jean. Quant à Paul, il vit encore et n'a transmis ses droits à personne. Du reste, il n'y a eu aucun acte de possession, ni de la part de Paul, ni de la part de Pierre, non plus que de ses ayant-droit. Paul et Jean se prétendent aujourd'hui propriétaires de leurs champs respectifs. Le dernier, avec ses vingt titres réguliers, bien concordants, a-t-il plus de droits que Paul qui n'en a aucun? Évidemment leur position est la même.

Changeons maintenant la supposition. Il y a quatre-vingts ans, Pierre et Paul possédaient sans titre, chacun un champ. Paul n'a pas cessé de posséder le sien. Pierre a vendu le sien; et à la suite de vingt ventes successives, Jean, dernier acquéreur, se trouve aux droits de Pierre. Paul et Jean sont aujourd'hui incontestablement propriétaires : mais la position de Jean qui a des titres, est-elle meilleure, plus solide que celle de Paul qui n'en a pas? Certainement non. Jean, grâce à ses titres, représente Pierre, son auteur primitif, et se trouve exactement dans le même cas où serait Pierre, s'il n'avait pas vendu, et alors Pierre et Paul seraient sur la même ligne; donc il faut en dire autant de Paul et de Jean.

Sur quoi est donc fondée la propriété? C'est uniquement sur la possession. Celui qui a possédé pendant un temps suffisant, est réputé propriétaire incommutable; il n'a besoin d'aucune justification, il n'est point tenu d'expliquer l'origine de sa possession, et selon l'expression énergique des jurisconsultes romains, il se contente de répondre : Je possède parce que je possède, *possideo quia possideo.*

L'origine de la propriété se perd dans la nuit des temps; la propriété a été bouleversée à plusieurs reprises par les conquêtes; pendant bien des siècles, l'ignorance était si générale qu'un homme sachant lire et écrire était regardé comme un prodige de science; les conventions n'étaient pas constatées par écrit, sauf par exception quelques chartes concernant les grands seigneurs et les communautés religieuses. Il serait donc impossible d'établir une filiation de propriété qui remontât jusqu'à l'époque incertaine où, à partir du déluge, un homme a mis pour la première fois la charrue ou la bêche dans un champ et en a pris possession. Les législateurs anciens et modernes ont donc agi sagement en fixant un laps de temps au bout duquel le possesseur est réputé propriétaire et ne peut plus être inquiété ni recherché par ceux qui prétendraient avoir des droits antérieurs aux siens. La prescription qui amène la sécurité sans laquelle il n'y a pas de travail possible, est la *patrone du genre humain*, selon l'expression des anciens rapportée par M. Troplong (*De la prescription*, t. I, n° 14). « Il y a, dit ce profond jurisconsulte, un terme au-delà duquel il serait dangereux de demander compte aux citoyens de leur fortune et de leur condition... Par une recherche scrupuleuse du passé, il n'y aurait plus rien de certain, et la société, loin d'être un état de sécurité et de protection, ne serait que l'absence de toute garantie et une source permanente d'inquiétude. Par cela seul qu'une position civile a duré longtemps, il faut qu'elle soit respectée; par cela seul qu'une possession est demeurée paisible pendant une longue suite d'années dans les mêmes mains, il faut que les investigations s'arrêtent devant elle. Son antiquité est le fondement sur lequel elle reposera; il sera défendu de s'enquérir de son commencement, car le droit a aussi ses mystères et ses secrets qu'il défend de pénétrer. Consacrée par le temps, la propriété sera par cela même réputée légitime et authentique. » (*Id.*, n° 13.)

Les titres sans possession ne seraient qu'une série de prétentions non justifiées, semblables à ces dénominations de rois de Chypre et de Jérusalem, que se transmettent certaines dynasties. La possession prolongée pendant trente ans et satisfaisant d'ailleurs aux conditions légales, suffit parfaitement pour établir la propriété, sans qu'il y ait besoin d'aucun titre.

Quel est donc l'emploi, l'utilité des titres? — 1° L'acquéreur étant subrogé dans les droits de son vendeur et des auteurs de celui-ci, profite de leur possession à laquelle la sienne vient s'ajouter (article 2235 du Code Napoléon). Celui qui se propose d'acquérir, n'a pas seulement à vérifier les titres concernant l'immeuble : il doit en outre s'assurer si son vendeur possède cet immeuble, et si cette possession remonte au temps requis pour la prescription. Ce n'est qu'après cette double vérification, qu'il peut avoir la certitude d'acquérir, non pas seulement des prétentions, mais des droits réels.

2° L'acquéreur peut se prévaloir de son titre, non seulement contre son vendeur, mais aussi contre ceux qui pourraient tenir de celui-ci des droits en opposition avec les siens. Si, par exemple, le vendeur voulait, postérieurement à la vente, faire acte de propriété, jouir de l'immeuble, concéder des servitudes, passer des baux, etc., l'acquéreur, armé de son titre, repousserait ces prétentions ; et même, depuis la loi du 23 mars 1855, ce n'est qu'en faisant transcrire son titre, qu'il primera les personnes auxquelles son vendeur aurait pu concéder des droits, postérieurement à l'acte de vente (1).

(1) Il n'y a là ni exception ni dérogation à la règle qui veut qu'un acte ne puisse être opposé à des tiers. L'acte fait foi, non seulement entre les parties, mais aussi à l'égard de leurs héritiers et ayant-cause (art. 1319 et 1322 du Code Nap.). Si une personne vend successivement le même immeuble à deux personnes, les deux acquéreurs sont tous deux *ayant-cause* du vendeur, puisque chacun d'eux ne prétend exercer d'autres droits que ceux qu'il tient de celui-ci. Lors de la lutte qui peut s'établir entre ces acquéreurs pour savoir lequel doit être préféré, il ne peut être mis en question si le vendeur était légitime propriétaire et avait le droit de vendre

3° Les titres servent encore à abréger le temps de la prescription. Ce temps est de trente ans pour celui qui possède sans titre; mais celui qui possède en vertu d'un titre régulier, offre par cette circonstance une garantie de bonne foi, en vertu de laquelle la loi a réduit le temps de la prescription à dix ou vingt ans, suivant que les tiers intéressés et contre lesquels il s'agit de prescrire, demeurent ou ne demeurent pas dans le ressort de la Cour impériale où est situé l'immeuble (art. 2265 à 2269 du Code Nap.). »

4° Si l'acquéreur veut purger son immeuble des hypothèques dont il peut être grevé, il ne peut le faire qu'à la condition d'avoir un titre, de le faire transcrire et de remplir les autres formalités voulues par la loi.

Les titres ont donc une haute importance que nous sommes loin de méconnaître; mais ils ne peuvent servir à prouver la propriété contre les tiers.

Voyons maintenant les divers cas où peut se trouver le possesseur.

1° Je possède depuis trente ans, sans titre. Ma position est inexpugnable. Si une personne quelconque, munie ou non de titres, venait à élever des prétentions sur l'immeuble que je possède, il me suffirait de lui opposer ma possession trentenaire.

2° Je possède de bonne foi, en vertu d'un titre, depuis dix ou

l'immeuble litigieux : car l'acquéreur qui contesterait les droits de son vendeur, contesterait les siens propres. La seule chose en question, c'est la préférence devant être accordée à l'une ou à l'autre des ventes; et la priorité doit être décisive, puisque le vendeur, une fois dessaisi par une première vente, non seulement ne pouvait plus disposer d'une chose qui ne lui appartenait plus, mais même était obligé de garantir son acquéreur contre toute éviction de quelque part qu'elle vînt, et à plus forte raison obligé de ne rien faire qui pût troubler cet acquéreur. Celui-ci, en opposant son acte d'acquêt au second acquéreur, n'a pas à prouver que son vendeur fut réellement propriétaire, mais il prouve le fait seul de la convention de laquelle il résulte que le vendeur lui a transmis tous ses droits, quels qu'ils fussent. — Cette solution, qui du reste ne peut donner lieu à aucun doute, est en parfaite harmonie avec tout ce que nous avons dit sur la valeur des titres quant à la propriété.

vingt ans, selon les distinctions ci-dessus faites. Ma position sera la même que dans le cas précédent.

3° Je possède sans titre, depuis un an au moins. D'après la loi, je dois être maintenu contre toute entreprise qui pourrait me troubler dans ma possession, je ne puis être dépossédé par aucune action au possessoire (art. 23 du Code de proc. civ.). Nul ne peut m'évincer, s'il n'agit au pétitoire en prouvant qu'il a droit à la propriété de l'immeuble, ce qu'il ne pourra faire qu'en prouvant qu'antérieurement à ma possession, il l'a possédé, soit pendant trente ans sans titre, soit pendant dix ans au moins avec titre. Mais si, sans justifier d'une telle possession, il se bornait à m'alléguer ses titres, comme ces titres me sont étrangers, ils ne peuvent ni m'être opposés, ni justifier ses prétentions à la propriété de l'immeuble.

4° Je possède depuis moins d'un an. Ma position est alors beaucoup plus vulnérable, et cependant cette possession, quoique récente, me confère des droits importants. Je ne puis être contraint de céder la place au premier venu. Celui qui, sans forme de procès, s'emparerait de l'immeuble, se rendrait coupable de violence; et, en vertu du principe *spoliatus antè omnia restituendus*, j'aurais contre l'envahisseur, quel qu'il fût, l'action en *réintégrande* (1) à l'effet de me faire réintégrer dans la possession

(1) C'est une question très-controversée parmi les jurisconsultes, que celle de la conservation dans notre législation moderne, de la réintégrande, qui était admise dans l'ancien droit et consacrée par l'ordonnance de 1667; la discussion de cette question nous entraînerait hors de notre sujet, et la solution négative n'infirmerait en rien notre thèse. Nous nous bornerons à indiquer les auteurs qui ont admis la réintégrande : Pothier, *de la Possession*, n° 114; Henrion de Pansey, *de la Compétence des juges de paix*, ch. 52; Favard de Langlade, *Répertoire de Jurisprudence*, V° *Réintégrande*, section 2, n° 47, et V° *Complainte*, c. 6; Guichard, *Actions possessoires*, n° 309; Garnier, *Actions possessoires*, n° 42; Carou, *Actions possessoires*, n° 60 et suiv.; Bélime, *Actions possessoires*, n° 371 et suiv.; Jocotton, *Actions civiles*, n° 250; *Répertoire du Journal du Palais*, V° *Actions possessoires*, n°s 137 à 141. — Argument de l'art. 2060 du Code Napoléon qui prononce la contrainte par corps, en cas de réintégrande, et de l'art. 6 (§ 1er) de la loi du 25 mai 1838, qui place la réintégrande au nombre des

de l'immeuble dont j'avais été dépouillé, tous droits et moyens réservés quant à la possession définitive et quant à la propriété. Je ne pourrai être évincé au possessoire que par celui qui prouvera qu'il a possédé l'immeuble pendant un an au moins, et qu'entre la fin de sa possession et le commencement de la mienne il ne s'est pas écoulé plus d'un an. Au pétitoire, ma position sera la même que dans le cas précédent; malgré la briéveté de ma possession, je ne pourrai être évincé que par celui qui prouvera sa propriété, et elle ne pourra l'être que par une possession antérieure et supérieure à la mienne; des titres sans possession seraient sans valeur.

Ainsi, en résumé, la possession sans les titres suffit pleinement; les titres ne sont rien sans la possession; et quand il y a tout à la fois titres et possession, c'est qu'il y a eu succession de plusieurs possesseurs, les titres ne servent qu'à relier les divers possesseurs et à autoriser le dernier de ceux-ci à se prévaloir de la possession de ses auteurs, ce qui ne fait que confirmer notre principe que la possession est le fondement de la propriété et peut seule l'établir.

Les principes sont les mêmes, soit qu'il s'agisse d'un vaste domaine ou d'une mince parcelle de terre, d'un champ entier ou d'une de ses parties; les droits sont également sacrés et soumis au même genre de preuves. Nous avons donc un guide sûr pour nous conduire dans les questions de bornage.

Nous devons maintenant répondre à quelques objections qui nous ont été adressées.

1° On objecte que, d'après l'art. 2279 du Code Napoléon, « En

actions dont la connaissance est attribuée aux juges de paix. — Arrêts de la Cour de Cassation des 28 décembre 1826 (Chauffier contre Guyouvard), 5 avril 1841 (Durou c. du Cournau, *Journal du Palais*, t. I de 1841, p. 496), 19 août 1839 (Duvivier c. Toudouse, *id.*, t. II de 1839, p. 188), 17 novembre 1835 (Trollay c. Langlois), 14 juin 1835 (commune de Mayenne c. hospices de Mayenne), 4 décembre 1833 (Chauschot c. Charpentier), 25 mai 1822 (Burré c. Languillaume et Raboin), 5 août 1815 (Bastard, c. Chauvanel), etc.

fait de meubles, possession vaut titre », ce qui décide implicitement qu'il n'en est pas de même en fait d'immeubles [1].

Cette manière d'argumenter n'est rien moins que logique : l'art. 2279 posant une règle quant aux meubles et gardant le silence sur les immeubles, on ne peut en conclure qu'il en résulte pour les immeubles une règle contraire. Il est facile de se rendre compte pourquoi cet article ne s'occupe pas des immeubles. Les meubles et les immeubles sont régis par des principes tout différents. Celui qui possède un meuble, si peu de temps qu'ait duré sa possession, en sera réputé propriétaire, sans avoir besoin d'aucune justification, et n'a rien à craindre des anciens possesseurs, même de celui qui aurait possédé pendant un temps immémorial : il s'ensuit que celui qui acquiert un meuble, n'a nul besoin de passer un acte de vente; après le paiement du prix et la livraison de la chose vendue, tout est consommé irrévocablement. Il en est tout autrement des immeubles : la valeur de la possession varie suivant sa durée ; l'ancien possesseur peut revendiquer l'immeuble sur le nouveau possesseur, d'après les distinctions que nous avons expliquées; la possession ne confère les droits de propriété incommutable qu'autant qu'elle est prolongée pendant trente ans, et l'acquéreur ne peut rattacher sa possession à celle de ses auteurs que par un titre. L'acquéreur qui négligerait de se pourvoir d'un titre, commencerait une nouvelle possession et se priverait du bénéfice de la possession de ses auteurs. De plus, à défaut d'acte qui constate la transmission, il serait exposé, en cas de mauvaise foi de son vendeur, à être évincé par lui ou par ceux auxquels celui-ci vendrait le même immeuble, au mépris des conventions verbales. On voit qu'il y a de profondes différences entre les règles qui régissent les meubles et celles qui régissent les immeubles. Il y a un principe commun pour les uns et pour les autres, c'est que la possession est le fondement de la propriété ; mais on ne pouvait le formuler de même pour ces deux classes de biens, sans

(1) *Journal des Géomètres*, 1857, p. 201.

commettre de graves erreurs, parce que le même principe est modifié et expliqué quant aux meubles et quant aux immeubles, par les dispositions qui les concernent respectivement.

2° On a prétendu qu'il résultait de l'article 6 de la loi du 25 mai 1838, cité plus haut (page 1re), que la propriété s'établissait par les titres (1).

Ce texte a eu pour but de déterminer les cas où le Juge de paix saisi d'une action en bornage, serait tenu de se dessaisir : il n'est compétent qu'autant que *la propriété ou les titres qui l'établissent ne sont pas contestés*. Si l'une des parties allègue que celle qui se donnait comme propriétaire du champ à borner, n'en a pas véritablement la propriété, le Juge de paix qui ne peut connaître d'une question de propriété immobilière, doit se dessaisir (voir ci-après, ch. XII). On conçoit que dans le débat sur la compétence on produise des titres, parmi lesquels il en est qui concourent à l'établissement de la propriété : tel est (pour prendre le cas le plus simple) celui où un acquéreur de bonne foi possède depuis dix ou vingt ans. Un tel possesseur, s'il est sommé de justifier de ses droits de propriété, sera bien obligé de produire son titre, et si ce titre est contesté, on se trouvera dans le cas prévu par l'article ci-dessus. La loi a prévu que, dans des questions de propriété, des titres pourraient être produits; mais il ne s'en suit aucunement qu'il doive en être produit dans tous les cas. Ce texte ne s'explique pas sur l'autorité que peuvent avoir ces titres, et n'a en rien dérogé aux principes qui règlent cette matière. On ne peut donc en conclure, ni qu'il ne puisse y avoir de propriété sans titre (ce qui serait nier radicalement la prescription), ni que des titres puissent être opposés à des tiers (ce qui serait anéantir l'article 1165), ni que des titres sans possession puissent prévaloir contre la possession.

3° On nous a sérieusement accusé de favoriser l'usurpation, de saper les bases de l'ordre social (2).

(1) *Journal des Géomètres*, *Bulletin administratif et judiciaire*, année 1859, p. 205.

(2) *Journal des Géomètres*, 1857, p. 202.

Laissons de côté les déclamations passionnées, et discutons de sang-froid un sujet qui, par sa nature, doit rester étranger aux colères des partis. Rien de plus légitime, de plus sacré que la propriété : mais, comme le dit très-bien le savant M. Troplong, ses origines sont enveloppées de mystères. Sans entrer dans les profondeurs de la métaphysique, nous pouvons nous borner à affirmer avec les meilleurs juristes, que primitivement l'appropriation du sol a eu pour principe l'occupation, puis la culture, c'est-à-dire le travail. Si, dès les temps les plus reculés, on avait conservé les archives de la propriété, au moyen desquelles on pût suivre la filiation de chaque pièce de terre depuis le premier occupant jusqu'au détenteur actuel, on aurait là une série de titres irréprochables, dont chacun contiendrait, non pas seulement une transmission de prétentions, mais une transmission de droits solides et incontestables. Malheureusement il faut renoncer à une telle utopie. Il est impossible de savoir par quelles mains la terre a passé pendant la série des siècles, ni par quels événements elle s'est transmise, ni si les transmissions ont toujours été exemptes de fraude et de violence. La nécessité fait une loi de prendre les choses comme elles sont, de légitimer les possessions longuement acquises. Il ne peut y avoir de doute à cet égard, tout le monde est d'accord. Ainsi, qu'un propriétaire remonte par sa possession et celle de ses auteurs, à trente ans, quarante ans, et même à un ou deux siècles, il y a toujours une limite de temps au-delà de laquelle il ne trouve plus que l'inconnu. Il n'en est pas moins propriétaire légitime : on respecte sa possession, et l'on interdit de rechercher au-delà. Le principe de la possession, auquel nous nous attachons, est donc en réalité celui sur lequel repose toute la constitution de la propriété.

En quoi différons-nous de nos adversaires, et en quoi notre manière de voir serait-elle subversive? Armé de la loi, nous préférons la possession sans titres aux titres sans possession. Quels sont donc ceux qui auraient à souffrir de cette doctrine?

Ce seraient d'abord ceux qui auraient des titres sans possession.

Mais s'occuper de pareils prétendants, n'est-ce pas en vérité discuter sur des abstractions, sur des hypothèses irréalisables? Car quel est l'homme assez peu sensé pour acquérir un immeuble et en payer ou s'obliger à en payer le prix, sans s'informer si son vendeur possède ce qu'il prétend vendre et est en état de lui en transmettre la possession? Comment concevoir qu'il ne fasse aucune diligence pour obtenir cette possession, et que, pendant une longue suite d'années, des sous-acquéreurs, toujours privés de possession et ne retirant aucun fruit de leur propriété nominale, se donnent la peine de passer des contrats dispendieux pour se transmettre des droits problématiques qui, à la longue, doivent sembler chimériques? Nous ne savons si un pareil cas s'est présenté souvent : mais, certes, ces prétendants ayant pour seul titre l'affirmation d'un premier vendeur, répétée par tous ses ayant-cause, est fort peu digne d'intérêt, et nous ne croyons pas que la société soit ébranlée parce qu'on leur aura préféré la personne qui occupe la terre, qui la cultive et l'arrose de ses sueurs.

Passons à une catégorie moins excentrique. Un individu muni de titres a possédé pendant un temps inférieur à celui qui est nécessaire pour prescrire, par conséquent moins de trente ans au total (en y comprenant la possession de ses auteurs), moins de dix ans depuis son titre : il perd la possession; puis, après un temps quelconque, mais supérieur à une année, il veut revendiquer l'immeuble. Entre lui et le possesseur actuel, nous donnons la préférence à ce dernier. Y a-t-il encore là de quoi faire écrouler l'édifice social? Ce prétendant est coupable de négligence pour s'être dessaisi de la possession et pour avoir laissé écouler plus d'un an sans chercher à la ressaisir; malgré sa déchéance au possessoire, sa position serait digne d'intérêt s'il était prouvé qu'antérieurement à la perte de sa possession, il réunissait toutes les conditions requises pour être propriétaire incommutable : mais, d'après la supposition, il n'en est pas ainsi; sa possession n'avait qu'une origine récente, il ne peut affirmer qu'il ait jamais été solidement propriétaire, puisque, même en ajoutant à sa possession celle de ses auteurs, il ne peut remonter qu'à un temps assez court; il ne peut donc être certain que son premier auteur ait eu lui-même des droits bien établis; il n'a pour lui que le fait de sa possession, mais d'une possession passée, rompue, insuffisante pour prescrire; et malgré ses titres qui ne prouvent rien contre des tiers, elle s'efface devant une possession actuelle, *in pari causâ melior est conditio possidentis.*

On voit que dans nos solutions il n'y a rien qui autorise à jeter les hauts cris comme si la société était menacée d'un bouleversement. Prenant pour guide la loi et l'équité, nous sanctionnons les droits acquis par la possession, et loin de porter atteinte à la propriété, nous la sauvegardons contre les dangers que lui feraient courir, dans le système contraire au nôtre, des prétentions iniques et déraisonnables. Si l'on venait dire à l'un de nos adversaires, que sa maison a été l'objet d'un contrat de vente passé devant notaire, sans son concours, entre gens qu'il ne connaît pas, certes il serait loin de s'alarmer des conséquences d'un pareil acte : il sait que la vente de la chose d'autrui est nulle (art. 1599 du Code Nap.), il n'y attacherait pas plus d'importance qu'à l'acte par lequel un insensé vendrait le Louvre ou le Panthéon. Allons plus loin, et supposons que l'acquéreur de la maison la revende à un second acquéreur, celui-ci à un troisième, et qu'après une suite de transmissions pareilles, le dernier acquéreur veuille sérieusement exercer des droits en vertu de tous ces actes parfaitement réguliers en la forme, n'ayant aucun vice intrinsèque, ne présentant aucun caractère apparent qui dénote le vice infectant la vente de la chose d'autrui, titres, en un mot, parfaitement semblables à ceux qui auraient pu concerner la transmission d'un immeuble réellement possédé par les vendeurs successifs... Le véritable propriétaire, c'est-à-dire celui qui n'a pas cessé de posséder, qu'il ait ou non des titres, n'aura pas de peine à repousser des prétentions qu'il n'hésitera pas à qualifier d'extravagantes; et mieux éclairé sur la valeur des titres à l'égard des tiers, il reconnaîtra que si la propriété et l'ordre social pouvaient être ébranlés, ce serait par l'admission d'un système qui permettrait à un individu de faire des stipulations propres à nuire à des tiers, et de se faire à soi-même un titre pour s'emparer de la propriété d'autrui.

CHAPITRE III.

DE L'AUTORITÉ DES TITRES EN MATIÈRE DE BORNAGE.

Nemo dare potest plus quàm habet.

Celui qui demande que la délimitation des pièces de terre à borner se fasse conformément aux contenances portées dans les titres, et qui par là conclut éventuellement à dépouiller son voisin d'une partie de ce qu'il possède, prétend implicitement que le titre de chacun doit servir de règle invariable pour déterminer ce qui lui appartient, que tout ce qui est possédé au-delà de cette contenance est un bien mal acquis, sujet à restitution, et que le propriétaire qui au contraire trouve un déficit dans sa contenance, a droit de la compléter aux dépens de ses voisins. Examinons cette prétention.

Remarquons d'abord qu'il est souverainement injuste et illogique de ravir à celui qui possède une partie quelconque de son héritage, sans prouver, sans même affirmer qu'il y ait eu de sa part un fait d'usurpation. C'est vraiment renverser toutes les notions de justice. Ni le délit ni la fraude ne se présument. Celui qui allègue une usurpation est tenu de la prouver; il ne peut être cru sur une simple assertion, quand même il déclarerait être certain que le fait a eu lieu : à plus forte raison ne peut-il l'être quand il ne sait lui-même comment les choses se sont passées et qu'il se borne à supposer que peut-être, à une époque qu'il ne peut préciser, son voisin aurait anticipé sur son champ.

Toute action contre une personne doit être basée sur un engagement pris par elle ou sur un fait de sa part donnant lieu à une obligation. Je puis dire à celui qui, à propos de bornage, veut m'enlever une partie de mon champ : « Je n'ai pas contracté avec vous, ni pris envers vous aucun engagement; vous n'articulez contre moi aucun fait dommageable; et néanmoins vous voulez vous emparer d'une partie de mon héritage! Votre prétention ne repose sur aucun fondement. Vous ne retrouvez plus, dites-vous, votre ancienne contenance. Et que m'importe? M'avez-vous donné votre champ à garder? Sais-je seulement si vous avez possédé telle contenance? Et si vous l'avez laissé amoindrir, dois-je être responsable de votre négligence?... »

On demande que les titres servent respectivement de règle pour les contenances. Mais nous avons suffisamment démontré que chaque titre n'a d'effet qu'entre les parties contractantes et leurs ayant-cause, et est sans effet à l'égard des tiers; c'est même ce qui, en principe général, n'est contesté par personne. Ce n'est qu'en matière de bornage qu'on méconnait cette règle salutaire dont on vient demander la violation manifeste. Mais est-il nécessaire de rappeler que là où la loi ne distingue pas, personne n'a le droit de distinguer, et qu'introduire arbitrairement des exceptions à un principe absolu, c'est faire de l'anarchie?

Comment pourrait-on m'opposer les titres de mon voisin, qui me sont étrangers? Que m'importent les énonciations de contenance, qu'il a plu aux parties d'y insérer? Ai-je été appelé à les contrôler, à les contredire, si elles étaient inexactes? Nullement; ces actes ont été passés en mon absence et en celle de mes auteurs, et même à notre insu. A défaut de notre concours, y a-t-il eu au moins intervention de l'autorité publique pour constater que le champ avait réellement la contenance y déclarée, ou pour vérifier si les parties avaient droit à cette contenance? Pas le moins du monde. Comment donc pourrais-je être lésé par des conventions passées en dehors de moi? Comment pourrait-on m'opposer des indications de contenance insérées sans contrôle ni garantie, et sans même que rien autorise à croire qu'elles aient jamais été l'expression de la vérité?

En toute autre matière, nul ne fait difficulté d'appliquer sans restriction l'art. 1165 du Code Napoléon. Qu'un individu déclare dans un acte où je ne figure pas, que je suis son débiteur; qu'il transporte cette prétendue créance, qu'elle soit l'objet de plusieurs transports successifs, peu m'importe; tous ces actes sont sans valeur à mon égard, je ne suis pas obligé de les critiquer ni même de les examiner; je les écarte d'un mot, ces actes me sont étrangers, *res inter alios acta*. De même, que mon voisin, en vendant sa maison, déclare qu'il en dépend des servitudes grevant ma propriété, telles que droit de passer dans ma cour, de puiser à mon puits, de laver à ma fontaine, etc.; que ces déclarations soient répétées dans les ventes successives du même immeuble, peu m'importe. Du moment que ni moi ni mes auteurs n'avons figuré dans ces actes, ils sont pour moi sans effet (1); je n'ai pas à rechercher les motifs qui ont pu faire insérer ces déclarations, ni si elles ont été faites de bonne ou de mauvaise foi, ni si les divers contrats sont concordants ou discordants. Tout cela ne me regarde pas, je ne puis être lié par des conventions auxquelles je n'ai pas pris part, c'est pour moi *res inter alios acta*.

C'est ce que tout le monde reconnait. Comment se fait-il qu'on écarte ce principe, dès qu'il s'agit de délimitation d'héritages?

Rendons la chose plus sensible par un exemple. Je possède un champ dont la propriété me vient d'héritage, et j'ai des titres qui remontent à cent ans. Dans ces titres, le champ est porté pour un hectare, et cependant il contient en réalité un hectare vingt ares : personne ne sait d'où vient cette différence entre la mesure réelle et celle énoncée aux titres qui sont tous concordants. Le champ contigu au mien était possédé, il y a dix ans, par un nommé Jacques qui n'a pas de titres; ce champ contient un hectare. Ajoutons, pour éviter toute complication de la question, que l'ensemble de ces deux champs, formant une superficie

(1) Pothier, *Des Obligations*, n° 701.

totale de deux hectares vingt ares, est de toutes parts circonscrit par des limites fixes et certaines. Si, dans cet état de choses, mon voisin Jacques eût demandé le bornage, comme il n'aurait pu prouver que ni moi ni mes auteurs ayons jamais commis aucune anticipation à son préjudice, il lui aurait été impossible de faire reculer de mon côté la ligne séparative; il n'aurait eu aucun prétexte pour agrandir son champ aux dépens du mien. Très-bien. Mais malheureusement nous n'avons pas borné. Ce voisin a vendu son champ qui dans l'acte de vente a été porté pour un hectare vingt ares : est-ce volontairement ou involontairement que les parties ont exagéré leur contenance? C'est leur secret que nul en dehors d'elles ne peut pénétrer. Quatre reventes ont eu lieu, et la contenance de un hectare vingt ares s'y trouve répétée conformément au premier acte. Aujourd'hui le dernier acquéreur demande à borner d'après nos titres, ce qui aurait pour résultat de m'enlever vingt ares que je possède depuis un temps immémorial. Cette prétention qui, de l'aveu de tout le monde, aurait été déraisonnable de la part de Jacques, a-t-elle plus de fondement de la part de son acquéreur médiat? Jacques a-t-il pu donner plus qu'il n'avait? Non, évidemment. S'il n'a pu donner plus qu'il n'avait, son acquéreur immédiat n'avait pas plus de droits que lui et n'a pu en transmettre davantage au second; de même de celui-ci au troisième, du troisième au quatrième, et enfin du quatrième à l'acquéreur actuel. Donc ce dernier ne peut se prévaloir de ses cinq actes concordants pour m'enlever une partie de mon champ. Eh bien! si l'on décide ainsi dans ce cas particulier, on doit décider de même dans tous les cas semblables, et reconnaître par conséquent que les titres ne peuvent faire foi contre les tiers, des contenances y énoncées. Que la série des transmissions ait été accomplie en quelques années ou en un siècle (1), la question est la même.

(1) Nous examinerons plus loin (ch. VII) la question d'ancienneté des titres.

En soutenant, comme nous le faisons, que les titres ne peuvent être opposés à ceux qui ne les ont pas souscrits, nous éprouvons le même embarras qu'à proclamer une vérité évidente, palpable, dont la clarté parfaite dispense de toute démonstration, un *truism*, comme disent les anglais. Et pourtant cette vérité est généralement méconnue, et il faut avoir un certain courage pour combattre la doctrine contraire, tant elle est accréditée.

On nous a opposé une considération qui a quelque chose de spécieux, mais qui s'efface devant un examen attentif, c'est que celui qui a acquis un champ d'une certaine contenance déclarée, par exemple d'un hectare, n'a pas dû entendre acquérir davantage, qu'il ne peut donc se plaindre si, ce champ étant reconnu contenir plus d'un hectare, l'excédant sur lequel il n'a pu compter, lui est enlevé pour parfaire le déficit de son voisin.

Il est facile de faire voir le peu de fondement de cette objection. Quand on vend une pièce de terre, il importe de bien déterminer dans l'acte en quoi consiste l'objet vendu : on le désigne par la situation, on indique la commune, la subdivision de commune (appelée, suivant les localités, champtier, réage ou *lieu-dit*), les tenants et aboutissants; on y ajoute le plus souvent la section et le numéro de section ; enfin on y indique la contenance de la pièce. Mais, à part le cas exceptionnel où la vente est faite à tant la mesure, l'indication de contenance a pour but de spécifier l'immeuble, de compléter sa désignation d'une manière précise, de bien le distinguer de toutes les autres pièces de terre ; il ne résulte pas de l'insertion de ce renseignement, que les parties limitent la vente à la contenance exprimée, et que le surplus, s'il y en a, soit excepté de la vente et réservé par le vendeur. Ce que les parties entendent, l'une vendre et l'autre acquérir, ce n'est pas telle quantité de superficie, mais c'est tel immeuble déterminé par ses tenants et aboutissants, tel que le vendeur en jouit et, comme on dit en style notarial, *ainsi qu'il se poursuit et comporte, avec toutes ses circonstances et dépendances* (1).

La loi a supposé que l'indication de contenance n'était, aux yeux des parties, qu'un renseignement *approximatif* : car elle n'a pas voulu que l'erreur, si elle ne dépasse pas un vingtième en plus ou en moins, pût donner ouverture à une action de l'une des parties contre l'autre (art. 1619 du Code Nap.). Et dans le cas où l'erreur est supérieure à cette quotité, la vente n'en est pas moins valable; et l'excédant de mesure, s'il y en a, n'en est pas moins compris dans la vente : seulement il y a lieu à une augmentation ou à une diminution du prix, et l'action à cet égard doit être intentée dans l'année à compter du jour du contrat, sous peine de déchéance (art. 1619, 1622).

Ainsi, l'on ne peut dire que l'acheteur n'a entendu acquérir que la contenance déclarée dans le contrat : il a entendu acquérir le champ tout entier, tel que le vendeur le possédait, quelle que pût être l'exactitude ou l'inexactitude de la contenance indiquée, et sans avoir la chance de subir un retranchement de terrain dans le cas où la mesure réelle excéderait cette indication : seulement, comme il est possible qu'il ait calculé son prix d'après la contenance déclarée, il sait qu'il pourra la faire contrôler dans l'année, et que par suite de cette opération il sera exposé à une augmentation ou à une diminution de prix.

Mais les conséquences des erreurs de contenance étant ainsi limitées entre les parties par les textes que nous venons de citer, on ne peut prétendre que des tiers aient des droits plus étendus, qu'ils puissent, non seulement après l'expiration de l'année, mais même à des époques quelconques, remettre en question la contenance de la pièce vendue et se faire adjuger l'excédant,

(1) « L'indication de la contenance dans un titre ne peut être considérée comme un fait dont l'attestation par le notaire fasse foi *contrà omnes*, mais comme *une simple énonciation* qui n'a de valeur qu'autant qu'elle est soutenue par la possession. » (Dumay, Appendice sur Curasson, 2e éd., note de la p. 28, no 17.)

quand même il ne dépasserait pas un vingtième (1). La loi a voulu que même entre les parties, toute difficulté sur la contenance fût éteinte dans un bref délai, que l'acquéreur pût jouir en toute sécurité de ce qu'il a acquis : à plus forte raison, les tiers seront-ils non recevables à se prévaloir d'erreurs qui ont pu se glisser dans les énonciations.

Si l'excédant de contenance dépasse réellement un vingtième, il peut se faire que les parties négligent, dans l'année, de faire constater l'erreur, ou que la différence de prix, calculée d'après un arpentage, soit réglée sans écrit, ou que l'écrit constatant ce réglement vienne à se perdre, ce qui ne peut entraîner de grands inconvénients, puisque l'expiration de l'année suffit pour mettre l'acquéreur à l'abri d'une action en supplément de prix : dans ces divers cas, il n'y a pas même de prétexte pour soutenir que l'acquéreur a entendu n'acquérir que la contenance portée en son contrat; le supplément de prix, s'il en a payé, s'applique à un excédant de contenance reconnu et constaté entre lui et son vendeur. Peu importe qu'il ne puisse en justifier : car du moment qu'il n'était tenu qu'envers son vendeur (ou ses créanciers ou ayant-cause), la négligence qu'il aurait mise en ne retirant pas de quittance du supplément de prix, ou en perdant celle qu'il aurait eue, ne pourrait lui être reprochée par des tiers qui n'ont pas qualité pour intervenir dans son acte, ni pour en discuter les conséquences.

Or, comme il est toujours possible que les choses se soient passées ainsi à l'égard d'un des auteurs du propriétaire actuel, et notamment à l'égard de l'auteur primitif (c'est-à-dire de celui auquel s'arrête la filiation de sa propriété), on voit combien il

(1) M. de Robernier (*De la preuve juridique du droit de propriété*, t. I, p. 268) remarque avec raison que l'erreur d'un vingtième qui, d'après la loi, ne tire pas à conséquence entre les parties, comporte le plus souvent une superficie supérieure à la quantité de terrain litigieux entre deux propriétaires voisins, plaidant pour le bornage. Il s'ensuit qu'on s'expose à commettre de graves erreurs en prenant pour bases du bornage les contrats auxquels on suppose une exactitude rigoureuse, quant aux contenances.

serait téméraire d'affirmer que l'acheteur n'a entendu acquérir que la contenance portée dans le contrat. En tout cas, cette affirmation dénuée de preuves ne peut servir de base à une action.

Ce que nous venons de dire s'applique au cas où, lors de la vente, les parties ont traité dans les termes de la loi quant à la contenance. Mais ce cas n'est pas le plus ordinaire : il est d'usage de stipuler, dans les ventes de pièces de terre, la non garantie de contenance ; il y a à cet égard une clause qui est de style, non seulement pour les ventes, mais aussi pour les échanges, les baux, les partages, et généralement tous les actes où il y a des stipulations ayant pour objet des pièces de terre non closes (1). Alors il est rigoureusement vrai de dire que l'indication de contenance n'est qu'un renseignement ayant pour but de spécifier la pièce de terre : cette énonciation n'impose au vendeur aucune responsabilité, ne peut donner lieu à aucune action d'une des parties contre l'autre. Il est évident qu'elle ne peut avoir plus de valeur pour les tiers. La question se trouve alors extrêmement simplifiée : ce qui est vendu, c'est un champ déterminé par ses diverses indications ; l'acheteur n'a point à s'inquiéter de la contenance ; il sait en quoi consiste ce qu'il acquiert, quel revenu il peut en tirer ; il sait surtout que l'indication de contenance insérée dans l'acte ne tire pas à conséquence ; qu'il la vérifie ou non, c'est son affaire ; s'il y a plus que ne porte l'acte, tant mieux pour lui, tant pis s'il y a moins, le vendeur n'a rien à y voir.

(1) Après la désignation des pièces de terre, on met cette formule : « Ainsi que les dites pièces de terre se poursuivent et comportent, le vendeur ne faisant aucune exception ni réserve, mais ne s'obligeant à aucune garantie de la contenance sus assignée, quand même la différence entre cette contenance et la mesure réelle serait de plus d'un vingtième, la différence en plus ou en moins devant tourner au profit ou à la perte de l'acquéreur. »

Il n'y a pas, dans la Beauce, un seul contrat de vente qui ne contienne cette clause. M. Magnin, juge de paix à Saint-Blin, constate qu'il en est de même dans le département de la Marne. (Voyez le *Correspondant des justices de paix*, 1857, p. 10.)

On ne voit pas pourquoi des étrangers auraient plus de droits que les parties pour se prévaloir d'un renseignement inséré dans le contrat.

CHAPITRE IV.

SUITE DU PRÉCÉDENT. — RÉPONSE AUX OBJECTIONS.

1° Il résulte de ce qui précède, que la délimitation doit se faire d'après la possession et non d'après les titres, d'où il suit qu'il n'y a même pas lieu, dans les procès de bornage, de produire les titres qui, du moment où ils n'émanent pas d'un auteur commun, sont sans effet entre les parties. M. Jay, directeur des *Annales et journal spécial des Juges de paix*, nous a objecté que, d'après l'article 6 de la loi du 25 mai 1838, les titres devaient être produits, puisque cet article a prévu le cas où les titres seraient contestés (1).

Cet article n'impose pas l'obligation de produire des titres, et il ne se prononce pas sur l'autorité qu'on devra reconnaître à ceux qui seront produits : il se borne à admettre cette production comme possible, ce qui ne préjuge, ni dans un sens ni dans l'autre, la question qui nous occupe. Sans doute, il y a une foule de cas où il y aura lieu de produire des titres, et nous allons en signaler quelques-uns. Il peut se faire qu'il existe des titres émanant de l'auteur commun des parties, et alors ils auront incontestablement une autorité décisive; il peut se faire qu'un titre émane des parties elles-mêmes, si par exemple il a été fait un arpentage contradictoire, ou si l'un des voisins a reconnu que le champ de son voisin avait réellement telle contenance. Dans ces

(1) *Annales*, 1856, p. 179.

cas, de tels titres doivent être invoqués. — Il peut arriver que les parties, bien que n'étant pas d'accord sur la détermination de la ligne séparative des héritages, conviennent de s'en rapporter à leurs titres respectifs. Cette convention doit être respectée; le juge se livrera donc à l'examen des titres.

Les titres peuvent en outre fournir des renseignements utiles pour reconnaître l'identité des pièces à borner, pour retrouver des arbres, des haies ou des points fixés qui auraient autrefois servi de limites. Le tribunal peut donc, suivant nous, juger utile d'y recourir pour s'éclairer, mais pourvu qu'il soit bien entendu que le titre d'une des parties ne peut faire foi contre l'autre, de la contenance y indiquée, et que ces indications de contenance ne peuvent servir de base à la délimitation.

Enfin, comme nous l'avons vu plus haut (p. 12), il peut arriver que l'une des parties conteste à l'autre sa qualité de propriétaire de la pièce de terre qu'il s'agit de borner; cet incident nécessite la production de titres.

Mais de ce que les titres peuvent être produits dans certains cas, il ne s'en suit pas que la loi ait exigé qu'ils le fussent toujours. L'article précité, ne s'occupant aucunement de la valeur des titres, laisse la question entière.

2° Un écrivain a prétendu qu'en procédant à la délimitation d'après les titres, on n'oppose pas à une partie les titres de son adversaire, mais qu'on se contente d'opposer à chacun ses propres titres (1).

L'article 1165, en décidant que les conventions n'ont d'effet qu'entre les parties et ne peuvent nuire ni profiter aux tiers, interdit à mon voisin de se prévaloir de mon titre; et nous avons prouvé ci-dessus (p. 20) que les énonciations de contenance insérées dans les actes ne peuvent en aucun cas fournir d'arme à des tiers. Mon voisin ne peut pas plus se servir de mon titre, que je ne puis me servir du sien.

(1) *Journal des Géomètres*, 1857, p. 145, 202, 203.

D'ailleurs mon adversaire, en disant qu'il se borne à m'opposer mon titre, ne s'aperçoit pas qu'il s'enferre de lui-même. Il s'agit, bien entendu, du cas où je possède au-delà de la contenance portée dans mon titre, et où mon voisin possède moins que la contenance portée dans le sien : le voisin prétend que mon excédant doit servir à combler son déficit. Il me suffit de lui répondre : « Vous vous contentez de m'opposer mon propre contrat : soit. Alors vous renoncez à produire le vôtre qui, m'étant étranger, est sans effet à mon égard. Que gagnerez-vous donc à prouver que je possède au-delà de ce que m'attribue mon titre? Rien; car il ne résulte aucunement de là que mon excédant vous appartienne. Dès que vous ne montrez pas votre titre (et que du reste vous n'offrez pas la preuve du fait matériel d'une anticipation), rien ne prouve que vous soyez en déficit. Vous n'avez donc pas droit de vous plaindre. Chacun garde ce qu'il a, tout le monde est content, et il n'y a plus qu'à s'embrasser. »

Dans le système que je combats, et qui consiste à combler le déficit de l'un par l'excédant de l'autre, on ne peut se borner à opposer à une partie ses propres titres, on est obligé de s'appuyer sur les titres des deux parties; on ne peut donc échapper au reproche de violer l'article 1165.

Ajoutons que l'argument tombe de lui-même dans le cas où l'une des parties n'a pas de titre, et où son adversaire qui se trouve en déficit, ne motive sa reprise que sur son propre titre.

3o Le même auteur (1), gêné dans son système par cet article 1165, a trouvé commode de s'en débarrasser par une nouvelle interprétation, dont personne ne lui disputera le mérite de l'invention. « Je n'oppose jamais, dit-il, mon titre à un tiers, à un voisin, *pour lui nuire*, c'est-à-dire pour lui enlever du terrain qu'il doit conserver d'après son titre ou la prescription. Je me contente de lui opposer son propre contrat. Serais-je réellement en contradiction avec l'article 1165 *en opposant mon titre*

(1) *Journal des Géomètres* 1857, p. 204.

à mon voisin pour lui reprendre cet excédant de terrain et combler mon déficit? Serait-ce là *nuire* à ce voisin, en présence d'un titre qui autorise cette reprise? Je ne le crois pas. Je ne *nuis* pas à un voleur en me faisant restituer par lui le linge marqué de mon chiffre, qu'il m'a soustrait frauduleusement. »

Autant de mots, autant d'erreurs.

Remarquons d'abord la contradiction frappante. L'auteur, après avoir dit qu'il se contentait de m'opposer mon propre contrat, ajoute qu'il m'oppose son titre qui, selon lui, autorise la reprise de l'excédant. Dès qu'il invoque son titre contre son voisin, il viole ouvertement l'article 1165 et renonce à sa distinction.

Il se sert du mot *nuire* dans le sens de causer une injustice, tandis que, d'après l'article cité, il s'agit du préjudice qu'éprouve une partie quand elle est contrainte d'exécuter un engagement, de remplir une obligation. C'est *nuire* à un débiteur, que de lui opposer le billet qu'il a souscrit, et d'obtenir contre lui un jugement en vertu duquel on peut saisir ses biens et même le priver de sa liberté; et cependant, en agissant ainsi, on ne commet à son égard aucune injustice; (*non injuriam facit, qui jure suo utitur*). Au surplus, les termes de l'article sont tellement clairs qu'ils ne peuvent prêter à aucune équivoque : les conventions *n'ont d'effet* qu'entre les parties contractantes; ainsi, à l'égard des tiers, elles sont sans effet, elles n'existent pas, on ne peut aucunement s'en prévaloir contre eux; il n'y a donc pas pour les tiers à s'en occuper, il n'y a pas à discuter s'il s'agit d'un préjudice juste ou injuste.

La distinction sur la justice du préjudice est tout simplement un cercle vicieux. En effet, vous prétendez m'enlever une partie de mon champ en m'opposant votre titre, et vous avez, dites-vous, le droit de me l'opposer, quoiqu'il me soit étranger, parce que vous me l'opposez, non pour me *nuire*, non pour me causer une injustice, mais pour me contraindre à restituer votre bien dont je m'étais injustement emparé. Mais vous commencez par supposer établi ce qui précisément est en question, c'est-à-dire le fait d'une usurpation que j'aurais commise à votre préjudice. Et cette usurpation que je nie, vous voulez la prouver par votre titre. C'est décider la question par la question. Même en admettant votre interprétation arbitraire et erronée de l'article 1165, vous ne seriez admis à m'opposer votre titre, qu'après avoir prouvé le fait de l'usurpation; et si vous étiez en état de faire cette preuve, vous n'auriez pas besoin de recourir à votre titre. — C'est comme si un individu se disant mon créancier, vous avait, par un acte fait en dehors de moi, transporté sa prétendue créance : en vertu de votre système, vous m'opposez ce titre, non pour me *nuire*, dites-vous, non pour me causer une injustice, mais pour me faire payer ce que je vous dois. Soit : mais commencez par prouver que je vous dois; tant que vous n'aurez pas fait cette preuve, vous ne pourrez vous servir d'un titre qui, s'il était admis comme faisant preuve contre moi, aurait pour conséquence de me faire payer ce que je ne dois pas, et par conséquent de me causer une injustice.

On s'étonne de trouver chez un magistrat une telle ignorance des premiers éléments du droit.

Quant à la comparaison tirée du vol de meubles, elle n'a rien de sérieux. Si la possession par un individu, du linge marqué au chiffre d'autrui, peut en certains cas, servir à la preuve d'un vol, c'est là une circonstance de fait, variable suivant les espèces; et l'on ne peut en tirer aucune conséquence doctrinale; il n'y a là rien qui ait trait à la question de l'autorité des titres à l'égard des tiers. Pour trouver quelque analogie avec la question du bornage, il faudrait que, dans des circonstances particulières, une parcelle de terrain usurpé fût reconnaissable à des signes non équivoques et pût être facilement distinguée de la pièce à laquelle l'envahisseur l'a réunie : alors on aurait des preuves manifestes du fait de l'usurpation. Mais ce genre de preuve n'a rien de commun avec le système de notre adversaire, système qui ne s'appuie que sur des suppositions.

4° Le même contradicteur soutient que, dans le cas où l'une des parties veut combler son déficit avec l'excédant de son voisin, la position du demandeur est plus favorable et qu'il doit l'emporter, parce qu'il s'agit, pour lui, d'éviter une perte, tandis que son voisin qui a un excédant de contenance, cherche à faire un bénéfice (le premier *certat de damno vitando, alter de lucro captando*). (1)

Remarquons d'abord qu'il y a là une interversion de rôles. Celui qui possède de bonne foi et qui veut conserver ce qu'il a, cherche à éviter un dommage (*certat de damno vitando*) ; celui, au contraire, qui, alléguant un prétendu déficit, cherche à se faire attribuer une partie du champ de son voisin, cherche à faire un bénéfice (*certat de lucro captando*). Toutes choses égales d'ailleurs, celui qui possède doit être préféré.

Ici, comme sur plusieurs autres points, mes contradicteurs supposent résolu ce qui est en question. Leur objection serait fondée si chaque titre exprimait invariablement et avec une parfaite exactitude, la mesure que doit avoir le champ qu'il concerne ; mais il est impossible de ne pas reconnaître que cette perfection est chimérique. Nous ferons voir, dans le chapitre VI, combien les titres en général méritent peu de confiance quant aux contenances y indiquées. Je puis être légitimement propriétaire d'une contenance supérieure à celle qu'énoncent mes titres, soit parce que primitivement on aurait inséré dans les titres de mes auteurs une contenance moindre que celle qui était réellement transmise (erreur qui, comme nous l'avons prouvé page 25, ne peut m'être opposée par les tiers), soit parce que j'aurais agrandi mon champ par l'acquisition de parcelles en vertu de conventions verbales ou d'actes qui se seraient égarés ; soit parce que mes auteurs auraient acquis en vertu d'une possession suffisamment prolongée, une certaine quantité de terrain au-delà des limites du champ primitif : on ne peut donc pas prétendre que

(1) *Journal des Géomètres*, 1857, p. 203.

tout ce que je possède au-delà de la contenance portée dans mon titre, soit nécessairement un terrain usurpé. De même, il ne suffit pas à celui qui se plaint d'un déficit, d'invoquer son titre : rien ne prouve que ni lui ni ses auteurs aient jamais possédé toute la contenance y indiquée, ni par conséquent qu'il y ait réellement déficit.

En un mot, les titres ne prouvent pas la spoliation prétendue, ne la font même pas présumer. Tant que cette preuve n'est pas faite, c'est un sophisme que de décerner à l'une des parties le rôle de victime, et à l'autre celui d'odieux envahisseur, d'injuste détenteur du bien d'autrui.

5° Suivant M. Dumay, quand il résulte de l'arpentage, que l'un des voisins a plus de contenance que n'en indique son titre, et que l'autre en a moins, on doit parfaire ce qui manque à celui-ci par ce que l'autre a de plus. « La raison de cette solution, dit-il, est que celui qui éprouve un déficit a en sa faveur pour combattre la présomption résultant de la possession de l'autre, un double titre, le sien propre, et celui de l'adversaire, parfaitement opposable à celui-ci, et qui dément sa possession. La partie qui jouit d'une contenance supérieure à celle énoncée dans son acte, est dans une position plus défavorable que si elle n'avait point de titre, puisque la preuve qu'elle apporte tourne contre elle. C'est le cas de l'adage : *Meliùs est non habere titulum quàm habere vitiosum.* » (Appendice sur Curasson, n° 48.)

Nous avons prouvé ci-dessus (page 25) que, dans le cas qui vient d'être prévu, mon voisin ne peut pas plus m'opposer son titre qui m'est étranger, que se prévaloir du mien qui lui est étranger. Peu importe donc qu'il invoque deux titres, si aucun d'eux n'est applicable à la cause. — La règle de droit d'après laquelle il vaut mieux n'avoir pas de titre, que d'en avoir un *vicieux*, n'a pas de rapport à la question. Cette règle, qui a été consacrée par l'article 2236 du Code Napoléon, refuse le bénéfice de la possession utile pour prescrire, à celui qui détient un immeuble, non pas *animo domini,* c'est-à-dire comme propriétaire, mais à titre précaire, par exemple comme fermier ou usufruitier. Un tel détenteur ne peut acquérir par la prescription, quelle que soit la durée de sa possession qui est infectée d'un vice originaire, parce qu'il a commencé à posséder *pour autrui* et non pour lui-même. C'est là ce qu'on appelle avoir un *titre vicieux*. Il est clair que ce cas n'a rien de commun avec celui où un propriétaire possède en vertu d'un *juste titre*, comme dit l'article 2265, c'est-à-dire d'un titre idoine à transférer la propriété, et que les indications de contenance, plus ou moins exactes qui s'y trouvent, ne peuvent vicier un tel titre. Tous les jurisconsultes sont unanimes pour reconnaître que si l'on ne peut prescrire *contre* son titre, on peut prescrire *au-delà* de son titre : et, par la même raison, la possession d'une contenance supérieure à celle qu'indique le titre, n'est pas condamnée par le titre.

6° M. Jay, après avoir reproduit l'argument de M. Dumay, auquel nous venons de répondre, ajoute d'autres considérations : « Ce n'est pas seulement, dit-il, mon titre que je vous oppose, c'est aussi le vôtre; la quantité de terrain que mon titre m'attribue, le vôtre vous la refuse; et si à l'appui de cette première présomption si grave, qui s'élève contre vous, je prouve par d'autres voies, par une enquête, par l'état des lieux comparé à la description des titres, que vous avez pris ce qui était à moi, je ne serais pas écouté! Et le juge n'aura pas même le droit de comparer mes titres communs avec vos prétentions, avec l'état des deux propriétés! » (1)

Notre réponse est des plus faciles. Quant aux titres communs, c'est-à-dire émanant d'un auteur commun, nous n'avons cessé de reconnaître qu'ils étaient opposables aux parties et à leurs ayant-cause; de même que nous avons reconnu le droit qu'ont

(1) *Annales des justices de paix*, 1857, p. 342, et *Dictionnaire des justices de paix*, V° *Bornage*, n° 182. — Je profite de cette occasion pour remercier M. Jay d'avoir reproduit, dans son estimable traité *du Bornage*, plusieurs de mes articles, d'avoir ainsi contribué à propager les idées que j'ai émises, et d'avoir par là appelé l'attention des hommes de loi sur une question longtemps méconnue.

les parties de consentir à borner d'après leurs titres respectifs. Sur ces deux points, tout le monde est d'accord. — Quant au cas où le fait d'une usurpation est prouvé, soit par une enquête, soit par l'examen des lieux, il est bien entendu qu'il y a lieu à reprise de terrain; mais alors ce n'est pas le titre qui prouve l'usurpation, ce n'est pas l'indication de contenance insérée dans l'acte, qui autorise à prononcer que tout ce qui est possédé au-delà de la contenance indiquée, est sujet à restitution. La question controversée est celle de savoir si, en l'absence de toute preuve d'usurpation, les titres devront suffire pour ordonner des reprises de terrain; et à cet égard, nous ne savons au juste si M. Jay est pour ou contre nous. Car il reconnaît que « des titres non contradictoires peuvent avoir une certaine autorité, mais qu'il ne faut pas qu'ils servent à troubler dans leur propriété ceux qui n'y ont pas été parties, et qu'une longue possession doit mettre à l'abri de toute réclamation qui ne serait pas fondée *sur des moyens juridiques et sur des preuves légales.* » (*Dict.*, V° *Bornage*, n° 176.) Il ajoute : « Le juge ne doit pas trop facilement ajouter foi à des titres ou à des mesurages auxquels le demandeur ou le défendeur, ou leurs auteurs, n'ont pas été parties; loin de nous également la pensée d'accorder une trop grande importance à la règle si souvent citée : *In antiquis enuntiativa probant etiam contrà alios ;* cette règle en effet ne doit être appliquée qu'avec la plus grande prudence ; et des énonciations de titre ne devraient pas prévaloir, à notre avis, contre une bonne et solide possession. »

Tout cela est bien vague. Comment concilier la condamnation de réclamations qui ne seraient pas fondées *sur des moyens juridiques et sur des preuves légales*, avec l'usage même modéré d'une maxime qui est en opposition formelle avec l'article 1165?... Reconnaître aux titres *une certaine autorité*, puis restreindre cette autorité de manière à ne pas troubler les possessions, c'est en définitive flotter entre deux opinions contraires et ne pas donner de règle de conduite. Le cas le plus ordinaire et qui présente le plus de difficultés, c'est celui où il n'existe aucune preuve d'usurpation, où l'examen des lieux ne fournit aucun indice, et où il faut opter entre les titres ou la possession : or M. Jay n'en donne pas la solution.

CHAPITRE V.

EXAMEN DE LA JURISPRUDENCE.

Quand il s'agit de points de droit douteux, et qu'on est obligé de suppléer au silence ou à l'obscurité de la loi, l'accord de la plupart des jurisconsultes éminents est ordinairement d'une très-grande force, parce qu'on présume que des hommes d'un mérite reconnu n'ont adopté une solution qu'après avoir mûrement examiné la question, ce qui donne à leurs opinions conformes une grande probabilité de vérité. Mais cette autorité doit considérablement s'affaiblir et peut-être même s'évanouir, s'il résulte de leurs ouvrages qu'ils ont adopté cette solution sans en donner de motifs ou n'ont donné que des motifs insuffisants, si même plusieurs, après avoir présenté des raisons sérieuses de conclure dans un sens, ont conclu dans le sens opposé, si enfin leur détermination peut être attribuée, non à une délibération approfondie, mais à un entraînement irréfléchi, à une confiance aveugle dans la tradition. Alors, malgré tout le respect que doivent inspirer la science et la sagesse des maîtres, on doit se livrer en toute liberté d'esprit à un nouvel examen, on ne doit pas craindre de s'écarter d'opinions non justifiées. Les droits de la vérité sont imprescriptibles.

La doctrine d'après laquelle, en matière de bornage, les titres seraient opposables aux tiers, est, comme nous l'avons démontré, manifestement contraire à la loi qui n'a rien d'obscur à cet égard. Voyons si les opinions des jurisconsultes sont assez graves pour faire prévaloir cette doctrine, pour balancer l'autorité souveraine des textes.

Plusieurs des auteurs qui enseignent qu'on doit produire les titres, arpenter les champs à borner, et répartir la superficie totale entre les parties proportionnellement aux contenances portées dans leurs titres, se prononcent sans alléguer aucune raison, sans paraître même se douter qu'il puisse y avoir difficulté sur ce point, sans dire pourquoi le principe posé en l'article 1165 doit fléchir en matière de bornage. Tels sont :

Merlin (1).
Toullier, t. III, nos 175 à 178.
Duranton, t. V, no 261.
Favard de Langlade, *Répertoire*, Vo *Servitude*, section 2, § 2.
Demolombe, *Des Servitudes*, t. I, no 273.
Fournel, *Traité du voisinage*, Vo *Arpentage*.
Mongis, Encyclopédie du droit, Vo *Bornage*, no 50.
Solon, *Des Servitudes*, no 71.
Paillet, *Commentaire sur le titre des Servitudes*, à la suite du *Traité des Servitudes*, de Lalaure, p. 670.
Répertoire du Journal du Palais, Vo *Bornage*, no 132.
Bioche, *Dictionnaire de procédure*, Vo *Bornage*, nos 18 à 20.
Dictionnaire du notariat, 4e éd. 1856, Vo *Bornage*, no 12.
Vaudoré, *Droit civil des juges de paix*, Vo *Bornage*.
Perrin, *Code des constructions et de la contiguïté*, Vo *Bornage*.
Longchampt, *Précis des lois et de la jurisprudence sur la police rurale* (no 57).
Neveu-Derotrie, *Commentaire sur les lois rurales*, p. 53.
P. Boileux, *Commentaire sur le Code civil*, t. I, p. 499, note sur l'art. 646.

(1) Bien que Merlin ne se prononce pas formellement sur la question qui nous occupe, nous avons cru pouvoir le ranger dans cette liste à cause du passage qui suit : « Le bornage ayant pour objet de déterminer la ligne qui sépare les héritages voisins, il faut, pour cette opération, que les parties nomment des experts entre les mains desquels elles doivent remettre leurs titres de propriété, et ceux-ci doivent en conséquence désigner les endroits où il convient de planter des bornes » (*Rep. de jurisp.*, Vo *Bornage*, no 4).

Marc Deffaux, *Commentaire de la loi du* 25 *mai* 1838, p. 110.

Masson, *Commentaire* de la même loi, n° 239.

Victor Fouché, *Commentaire des lois des* 25 *mai et* 11 *avril* 1838 (cet auteur se borne à enregistrer l'opinion de Toullier).

Carou, *De la juridiction civile des Juges de paix*, t. I, n° 501.

Benech, *Des Justices de paix et des Tribunaux de première instance*, p. 274 à 277.

Delahaye, Dissertation insérée au *Journal de procédure*, année 1842, n° 2291, citée par M. Carou, ouvrage précité, deuxième édition, t. I, p. 445 et suiv.

Teulet, Dauvilliers et Sulpicy, *Les Codes français*, note 5 sur l'art. 646.

Voilà certainement une liste d'auteurs recommandables : mais on conviendra que leurs opinions, dénuées de toute espèce de motifs, ne peuvent être d'un grand poids. Passons maintenant aux opinions motivées.

1° Delvincourt, tout en faisant à la possession une meilleure part que la plupart des auteurs, admet les titres sans distinguer s'ils émanent, ou non, d'un auteur commun. « En cas de contestation (dit-il), comment doit être déterminée la limite des propriétés respectives? Le juge doit se décider d'après les titres et la possession respective des parties. Mais cependant, à l'égard de la possession, il faut distinguer. Si la partie qui ne possède pas a des titres contraires à la possession de l'autre partie, la possession ne pourra être opposée qu'autant qu'elle aura été suffisante pour opérer la prescription : si non, la simple possession annale suffit. Le possesseur est toujours présumé propriétaire jusqu'à preuve contraire. » (*Cours de Code civil*, t. I, p. 386, note 11 sur la page 161.)

2° Pardessus nous donne gain de cause en s'exprimant ainsi : « Il peut se faire que l'une ou l'autre des parties prétende que l'opération de bornage doit être faite conformément à la possession actuelle, et non d'après les énonciations des titres. Cette prétention est certainement admissible. » (*Servitudes*, n° 124.) Dans la suite de ce passage, il explique ainsi son opinion : « Celui qui possède, même au-delà de ses titres, depuis le temps requis par l'article 2262 pour prescrire, a droit d'être maintenu dans la propriété de cet excédant, quoique son adversaire ne jouisse pas de tout ce que donnent les siens ou même des titres communs. Ce n'est point là ce qu'on peut appeler prescrire contre son titre : cet axiôme de droit s'entend, suivant l'article 2240 du Code civil, dans ce sens que nul ne peut changer la nature et l'origine de sa possession ; et l'on ne doit pas confondre ce qui est de l'essence d'un titre, avec ce qui en est accident. Celui qui a acheté un fonds indiqué de la contenance d'un arpent, peut, par la prescription, étendre son droit jusqu'à deux ou plus, parce que la nature et l'origine de son droit ne changent pas. Cet accroissement de possession et de propriété acquis par la jouissance n'est qu'un accident au titre primitif dont la nature reste la même : il possède ainsi, non pas contre, mais seulement au-delà de ses titres. » D'un autre côté, cet auteur admet que les titres de chacun font foi même contre son adversaire, et doivent servir de règle pour fixer les contenances (nos 122, 123), sans même remarquer qu'il déroge ainsi au droit commun, ni donner aucun motif de cette dérogation ; il ne fait fléchir l'autorité des titres qu'en cas de possession trentenaire ; et comme il repousse (no 126) la possession qui a pu résulter d'anticipations insensibles (voir ci-après, ch. XI), il s'ensuit que le principe qu'il pose au commencement du no 124, et d'après lequel il suffirait de la demande d'une des parties pour que le bornage se fît conformément à la possession actuelle, ne serait jamais applicable, et que la reconnaissance qu'il en fait est illusoire.

3o Rolland de Villargues admet qu'il n'y a lieu à arpentage pour déterminer où doivent être posées les bornes, qu'en cas de revendication de la part d'un des propriétaires, c'est-à-dire lorsque l'un d'eux allègue des anticipations, et que l'autre n'oppose pas la prescription (*Répertoire du notariat*, Vo *Bornage*, no 6). D'après ce système, la possession est tout et les titres ne sont rien. Le même auteur dit aussi : « Il peut se faire que l'une ou l'autre des parties prétende que l'opération de bornage doit être faite conformément à la possession actuelle, et non d'après les énonciations des titres. Cette prétention est admissible. Celui qui possède au-delà de ses titres, depuis le temps requis par l'article 2262 du Code civil, a droit d'être maintenu dans la propriété de cet excédant, quoique son adversaire ne jouisse pas de tout ce que lui donnent ses titres ou des titres communs (*id.* n° 69.) »

Néanmoins ce jurisconsulte décide que la répartition des terres doit se faire conformément aux contenances portées dans les titres, et ne distingue nullement s'ils émanent ou non d'un auteur commun (*id.* nos 53, 55, 56, 68).

4° Curasson s'exprime ainsi : « Dans tous les cas où il existe du doute sur la fixation des limites, le possesseur, à ce qu'il nous semble, doit conserver ce qu'il possède, et il suffit de la possession annale, cette possession étant une présomption légitime dont l'effet ne peut être détruit que par un titre (*Compétence des juges de paix*, t. II, p. 403) » Néanmoins ce même auteur (*id.* p. 402) reconnait aux titres une autorité souveraine, d'après laquelle il partage les contenances.

Il admet bien que, quand il s'agit de revendication, le demandeur ne peut réussir qu'autant qu'il s'appuie sur un titre, et que *de simples énonciations seraient insuffisantes*, quelle que fût l'ancienneté des titres qui les renfermeraient (*id*, . p. 439), ce qui suppose que les titres, pour être opposables, doivent émaner du défendeur ou de son auteur. « Mais, ajoute-t-il, lorsque la propriété de l'héritage n'étant pas contestée, il ne s'agit que d'en reconnaître les limites, alors *on doit se contenter de preuves qui ne suffiraient pas en matière de revendication*. » Cette distinction est tout-à-fait arbitraire, et l'auteur ne donne aucune raison qui puisse la justifier. Qu'il s'agisse de revendiquer un champ entier ou seulement d'en réclamer une partie par voie de délimitation, c'est toujours agir contre le possesseur pour lui enlever ce qu'il possède : dans l'un et dans l'autre cas, il y a même nécessité que les titres produits contre lui, lui soient opposables, et ce sont les mêmes principes qu'il s'agit d'appliquer.

« Dans une demande en revendication, dit encore Curasson, ces actes (cadastre, anciens plans, papiers-terriers, etc.) pourraient ne pas être considérés comme des preuves suffisantes ; mais en matière de bornage, ils doivent être d'un grand poids, attendu qu'il s'agit, non d'établir la propriété des fonds, mais d'en rechercher les limites et d'en fixer la contenance sur la demande respective des parties. » (*Id.*, p. 462.) Cela se réduit à dire que des titres qui ne seraient pas opposables en matière de revendication, le sont en matière de bornage, attendu qu'il s'agit de bornage : en réalité, c'est ne rien dire. S'il s'agit, sur une demande en revendication, d'établir la propriété des fonds, il s'agit, sur une demande en bornage, de changer la ligne séparative des héritages, et par conséquent *d'établir la propriété* d'une partie *des fonds : ubi eadem ratio decidendi, idem jus.*

C'est ici le cas de répondre à une objection qui souvent a été présentée en quelque sorte par insinuation, pour justifier la distinction sur la nature des preuves en cas de revendication et en cas de bornage. Dans le premier cas, dit-on, il y a un demandeur auquel incombe le fardeau de la preuve, et toutes les règles juridiques sur la nature des preuves sont rigoureusement applicables à sa demande ; en cas de bornage, au contraire, chaque partie est tout à la fois demanderesse et défenderesse ; et de là on conclut que les règles ordinaires ne sont pas applicables. — D'abord il n'est pas exact de dire que, dans toute instance en bornage, chacun des propriétaires en cause soit tout à la fois demandeur et défendeur. Il arrive souvent, au contraire, qu'une des parties demande que la ligne divisoire soit déplacée et reportée sur le terrain de son adversaire, tandis que celui-ci demande à borner suivant la possession actuelle, et par conséquent se contente de repousser la demande ayant pour but une reprise de terrain à son préjudice ; la distinction dont il s'agit ne peut donc être admise dans ce cas. — Quand chacune des parties demande que la ligne divisoire soit reportée sur le terrain de son adversaire, chacun alors, il est vrai, est demandeur et défendeur; mais il s'ensuit seulement que chacun est tenu de justifier sa demande, et que si aucune demande n'est justifiée, aucune ne peut être admise. On ne peut, de la circonstance que chacun est demandeur, conclure que les deux demandes échappent aux règles juridiques en matière de preuves. Il en est de ce cas comme de celui d'une demande reconventionnelle. Le demandeur réclame une somme de son adversaire : celui-ci prétend, non seulement qu'il ne doit rien, mais encore que le demandeur, au lieu d'être son créancier, est son débiteur. Chaque partie est bien alors demanderesse et défenderesse, et pourtant personne ne fait difficulté de reconnaître que chacun est tenu de justifier sa demande. Il n'y a pas de raison pour décider autrement en matière de bornage.

5° M. Dumay a au moins établi une différence entre les titres, suivant qu'ils émanent ou non d'auteurs communs. « Les titres qui émanent d'auteurs différents, dit-il, n'ont point par eux-mêmes une force obligatoire pour l'une des parties contre l'autre, à l'égard de laquelle ils sont *res inter alios acta*. Le mode d'exécution des premiers résulte en général des règles sur l'interprétation des conventions, tandis que le principe de la possession domine les autres. Ceux-là rentrent plus particulièrement dans la classe des affaires personnelles ; ceux-ci appartiennent aux matières réelles. (Appendice sur Curasson, p. 23)... *Si les titres n'émanent pas d'auteurs communs, ces titres ne sont pas respectivement obligatoires pour les parties, puisqu'ils leur sont étrangers*, et que *l'un peut repousser celui produit par l'autre*, d'après la maxime *Res inter alios acta nemini nocet nec prodest*. L'acte n'acquiert véritablement de valeur que lorsqu'il est appuyé de possession et jusqu'à concurrence de l'étendue de cette possession. Pour retrancher une partie de la contenance possédée, il faudrait que celui qui veut l'obtenir pût exercer une action en revendication, ce qu'il ne peut évidemment faire, puisqu'il n'a point de titre obligatoire pour le voisin, et qui force celui-ci à un relâchement quelconque... Si un titre n'émanant point de la personne à laquelle il est opposé, pouvait priver cette dernière de la contenance dont elle jouit, il en résulterait une injustice intolérable. (*Id.*, p. 28, n° 47.) On doit dire que celui qui n'aurait que son seul titre, ne pourrait exiger un relâchement du possesseur, qu'autant qu'il pourrait intenter, soit l'action possessoire, s'il avait perdu la possession plus qu'annale depuis moins d'un an, soit l'action pétitoire en revendication, s'il établissait avoir eu, depuis moins de trente ans, ou moins de dix, suivant le cas, la possession acquisitive de la propriété. » (*Id.*, p. 29, n° 47.)

On s'explique difficilement comment M. Dumay, après avoir posé ces règles si parfaitement conformes aux principes sur la force des titres, suivant qu'ils émanent, ou non, d'un auteur commun, arrive à la solution que nous avons rapportée au chapitre précédent (page 30), où nous avons fait voir le vice de son raisonnement.

6° M. Dalloz aîné (*Répertoire*, V° *Bornage*, n° 44) commence par reconnaître l'insuffisance des titres non contradictoires : « Lorsque chacune des parties produit des titres, s'ils sont clairs et positifs, il suffit d'en faire l'application ; s'il y a lieu de les interpréter, il faut se conformer aux règles d'interprétation formulées dans les articles 1156 et suivants du Code civil. Parmi les titres, du reste, tous ne méritent pas la même confiance. Ainsi ceux qui sont entièrement étrangers à l'une des parties, parce qu'elle n'y a figuré ni par elle ni par ses auteurs, ne sauraient avoir la même autorité que ceux dans lesquels elle a été présente, soit personnellement, soit par les propriétaires antérieurs dont elle est l'ayant-cause ; et la raison de cette différence est toute naturelle. En général, les conventions n'ont d'effet qu'entre les parties contractantes (art. 1165 du Code civil). *Animadvertendum est ne conventio in aliâ re facta aut cum aliâ personâ, in aliâ re aliâve personæ noceat.* (L. 27, § 4, *Dig.*, *De pactis.*) *La contenance qu'il aura plu au vendeur d'une pièce de terre d'indiquer dans l'acte de vente, ne saurait donc préjudicier au voisin. S'il en était autre-*

ment, la fraude trouverait dans les énonciations de ce genre une ressource trop facile. » — Après avoir établi ces prémisses, l'auteur conclut ainsi (nº 42) : « A défaut d'actes émanés d'un auteur commun, chacune des parties peut invoquer tous ceux dans lesquels ont figuré ses devanciers, sauf au juge à y avoir tel égard que de raison » (1). Ainsi il ne fait pas au juge l'obligation d'admettre les titres non contradictoires; c'est déjà un grand point. Mais il l'autorise à le faire, de sorte que le juge serait, d'après lui, investi d'un pouvoir discrétionnaire (2) d'admettre ou de rejeter ces titres, de se conformer à l'article 1165, ou de le méconnaître ; dès lors il n'y aurait plus de règle, et la loi ne serait qu'un vain mot. Enfin, on ne s'explique pas l'inconséquence de M. Dalloz qui, après avoir prouvé que les titres dont il s'agit ne peuvent faire foi contre les tiers, des contenances y indiquées, permet néanmoins d'en faire usage.

7º M. Toussaint, auteur d'un ouvrage estimé, intitulé *Code de la propriété*, adopte alternativement l'un et l'autre système. Suivant lui, « *Le bornage d'héritages contigus doit être fait dans l'état de la possession actuelle des propriétaires;* il n'y a lieu à arpenter pour déterminer où doivent être posées les bornes, qu'en cas de revendication de la part d'un des propriétaires. » (T. I, nº 920.) Quelques lignes plus haut, le même auteur enseigne (nºs 920 à 925) que ce sont les titres qui doivent servir de règle, que « Si le résultat de l'arpentage fait connaître qu'un des propriétaires a moins de terrain qu'il n'est porté sur ses titres, et l'autre

(1) L'admission, en matière de bornage, des titres non contradictoires est enseignée d'une manière très-catégorique dans la note sur l'arrêt de cassation du 29 juillet 1856, (Dalloz, 1856, 1re partie, p. 411). L'auteur y expose la même doctrine que M. Mesnard, dans un rapport qui sera ci-après cité et discuté.

(2) M. Jay lui donne carte blanche. « Rien, dans cette matière, n'est interdit au juge; la loi ne l'oblige pas plus à juger d'après les titres qu'à repousser les titres; il doit chercher la vérité dans tous les documents de la cause et fonder sur tous sa décision. » *Dict. des justices de paix*, Vº *Bornage*, nº 186.

plus, la mesure du premier doit être complétée sur l'excédant du second (nº 921); et que si la contenance totale des terrains surpasse celles qui sont portées dans les titres, il y a lieu à une répartition proportionnelle » (nº 922).

Aucun système ne peut donc revendiquer son appui.

8º M. Millet qui, dans son volumineux traité *du Bornage*, discute d'une manière fort étendue des questions très-secondaires, ne fait qu'effleurer la grande question qui nous occupe et ne paraît pas même en avoir entrevu la gravité. « En matière de bornage, dit-il, les titres, sauf quelques exceptions, ne peuvent jamais être que des actes étrangers à chaque propriétaire; c'est la nature des choses qui le veut ainsi, et celui qui se présente au bornage avec un titre régulier, doit obtenir ce qu'il réclame. Ce n'est pas une revendication qu'il forme. Il dit : Mon titre, fortifié des anciens titres, porte tant. Je trouve dans ma contenance du manquant, je le cherche par la voie du bornage. S'il ne se trouve pas, il faut que *chacun coopère à la perte*, parce que mon titre ne peut pas plus être suspecté que celui des autres propriétaires. C'est ici le cas d'invoquer la règle si sage d'assimilation du bornage au partage..... La possession annale ne peut être utilement invoquée qu'alors qu'il n'existe pas de titre, parce qu'il faut bien que l'on prenne une base, et que la possession en ce cas est utile; mais quand il y a des titres, les titres seuls font la règle » (p. 375). — Cela revient à dire : il nous faudrait des titres contradictoires, déclarons de notre propre autorité que les titres qui ne sont pas contradictoires, vaudront, en matière de bornage, autant que s'ils l'étaient; assimilons au partage, c'est-à-dire à un acte émanant d'un auteur commun, des actes émanant d'auteurs étrangers les uns aux autres.

Nous le demandons à toute personne un peu versée dans l'étude des lois, une décision défendue par de tels arguments a-t-elle une valeur sérieuse, peut-elle être de quelque poids? N'y a-t-il pas quelque chose d'enfantin dans le langage de ce propriétaire qui s'écrie que son titre vaut autant que les autres, et qui ne trouvant pas sa mesure, exige qu'on se cotise pour la lui parfaire !

9° Personne, mieux que M. de Robernier, n'a fait ressortir l'insuffisance des titres pour établir les contenances des terres. Nous reproduisons, malgré son étendue, cet extrait de son traité *De la preuve juridique du droit de propriété* (t. I, p. 127 et suiv.) : « Le principe fondamental de la preuve littérale, c'est que l'acte, soit authentique, soit sous seings privés, ne fait foi qu'entre les parties contractantes et leurs représentants et ayant-cause (art. 1319 et 1322 du Code Nap.). Cette règle prend sa source dans une autre loi d'éternelle raison, qui veut que nul ne puisse être engagé sans son propre fait, ni recevoir à son insu une atteinte quelconque dans les droits qui lui sont acquis.

» Que deux contenanciers, après avoir acheté chacun une pièce de terre de la même personne à la succession de laquelle ils ont été appelés ensuite, puissent s'opposer mutuellement leur contrat d'acquisition, rien de mieux ; ils sont dans les termes de la loi générale, et liés par un principe qu'approuve la raison ; héritiers de l'auteur commun, ils doivent accepter, telle que celui-ci se l'était faite à lui-même, et comme si elle était leur œuvre propre, la condition qui résulte pour eux de la combinaison des deux titres. Qu'un acquéreur de la chose d'autrui puisse se prévaloir de son contrat, en présence du véritable propriétaire, pour en conclure qu'il a fait les fruits siens, ou pour y trouver les fondements de la prescription décennale ; tout est bien encore, car il s'appuie sur une exception formelle (1) au principe général, et cette exception n'a rien qui doive surprendre, lorsqu'on réfléchit qu'elle repose sur le fait intentionnel de la bonne foi dont l'existence du titre n'est ici que l'indice. S'il y a alors préjudice pour le tiers, ce n'est pas à la convention qui lui est étrangère, c'est à la loi elle-même

(1) Il n'y a point là d'exception au principe qui veut qu'un titre ne puisse être opposé à des tiers. Le droit de l'acquéreur de bonne foi dérive de sa possession et non de son titre; seulement, à cause des circonstances réunies de sa bonne foi et de son juste titre, la loi abrége pour lui la durée du temps nécessaire pour prescrire.

qu'il doit l'imputer (1), *ex dispositione juris, non ex vi conventionis*, selon l'expression de Dumoulin.

» Mais qu'au terme de deux séries de transmissions parallèles, les deux possesseurs puissent se faire une arme légitime de leurs contrats d'acquisition ; qu'ils mettent, pour la première fois, en regard, des actes qui ont toujours marché indépendants les uns des autres dans toutes les phases de leurs transformations successives ; qu'il soit permis de déterminer l'étendue de leurs droits par l'application de clauses dont ni eux ni leurs auteurs n'ont pu respectivement surveiller les désignations ; c'est ce qui répugne aux plus vulgaires notions de la justice, ce que n'autorisent ni la loi générale, ni ses dispositions exceptionnelles, ni la droite raison.

» A ce compte, en effet, il sera permis à chacun de se créer un titre, au gré de ses instincts usurpateurs ; on pourra, dans ce but, préparer de longue main les clauses d'un acte de transmission ; l'acquéreur sera presque toujours libre d'y jeter des énonciations attentatoires aux droits des tiers, des désignations mensongères qui serviront plus tard de fondement à ses réclamations ou à ses résistances. Qui l'en empêche ? Le vendeur, s'il n'est pas son complice, n'aura, le plus souvent, aucun intérêt à prévenir cette manœuvre. Recevoir son prix ou s'en assurer le paiement, veiller à ce qu'aucune action en garantie ne puisse l'atteindre plus tard en dehors des conditions prévues ou des conséquences légales du contrat, sont les deux points qui sollicitent seuls son attention. Hors de là, les détails de la rédaction le touchent peu, et l'acquéreur sera maître de la dicter selon ses vues. Quel obstacle s'opposera donc à ce que l'acquéreur enfle le chiffre de la contenance, si la vente est expressément faite sans garantie de mesure ? Lui sera-t-il plus difficile d'altérer la vérité, avec ou sans le concours du vendeur, sur l'un des autres éléments constitutifs ou accessoires de la désignation de l'immeuble ? L'orientation, la mouvance,

(1) Il doit, suivant l'esprit de la loi, l'imputer à sa propre négligence, à son inaction prolongée dix ans pendant lesquels son immeuble était possédé par un étranger.

l'expression des limites, les tenants et aboutissants, la nature du bien, le nom du finage, tout cela peut être, en tout ou en partie, volontairement défiguré, sans que l'inexactitude doive se traduire en une garantie formelle. Dans ce cas même, la collusion des deux parties leur ferait aisément trouver les moyens de se mettre à l'abri de toute recherche réciproque.

» Mais quoi! Par cela même qu'une foule d'inexactitudes de cette nature peuvent se trouver dans le contrat, sans compromettre son existence et la sécurité des parties qui y ont concouru, il arrive fréquemment qu'en l'absence de toute idée de fraude, la négligence et l'erreur les y laissent introduire. Or, ces particularités de désignation, à peu près indifférentes aux contractants, sont précisément ce qui intéresse les tiers; c'est contre leur témoignage si suspect qu'ils auront un jour à se défendre... »

Tout cela est parfaitement logique; et pourtant l'auteur, comme on va le voir, fléchit devant une prétendue nécessité, et se soumet à une doctrine dont il a si bien démontré la fausseté et les conséquences funestes. « Cependant, dit-il, l'usage consacre ce genre de preuve; et, il faut bien le reconnaître, l'usage n'est ici que l'expression de la nécessité... Ainsi, à défaut d'une organisation du titre qui réponde aux besoins, force a été d'imposer silence à une maxime fondamentale et sacrée : *Res inter alios acta non nocet, nec obligat, nec facit jus.* » (Dumoulin, Commentaire sur la Coutume de Paris, § 8, nº 10; *Cod. Lib.* VII, *tit.* 60.)

Après avoir fait cette concession à l'usage, l'auteur continue à en faire voir les vices : « On a été plus loin : le besoin de trouver des éléments de décision là où manquent toutes les preuves distinctes, a fait pousser la condescendance jusqu'à permettre de les chercher dans des actes également étrangers aux deux parties litigantes, et même dans leurs termes purement énonciatifs, ou faisant partie de clauses incidentes. C'est l'application abusive de cet adage si connu, qui serait sans cela, et fort heureusement, à peu près hors d'usage dans notre droit nouveau : *In antiquis verbis enuntiativa probant, etiam contrà alios et in præju-*

dicium tertii, etiamsi essent incidenter prolata, et propter aliud prolata (1). Cependant les simples énonciations sont déclarées suspectes par le Code civil (art. 1320), même entre les parties, lorsqu'elles n'ont pas un trait direct à la disposition. Combien plus ne faut-il pas s'en défier quand on les trouve dans des actes auxquels aucune des parties n'a participé! Quant à la circonstance prétendue favorable de l'ancienneté, loin de racheter les imperfections de l'acte, elle en aggrave, à nos yeux, le danger; et nous ne saurions guère y voir autre chose qu'un reflet de ce sentiment naturel à l'homme, qui l'entraîne au culte du passé. L'ancienneté, dit-on, écarte au moins tout soupçon de fraude, et doit comporter, à ce titre, une présomption de vérité... Comme si quelque intérêt, maintenant tombé dans l'oubli, n'avait pas pu dicter les énonciations mensongères; comme si le temps n'avait pas pour premier et infaillible résultat d'anéantir tout ce qui aurait pu inspirer une défiance raisonnée contre la disposition énonciative, et servir à rectifier ses erreurs; comme si enfin le faux cessait de l'être quand on ne peut plus le discerner!

» Quoiqu'il en soit, on doit reconnaître, je pense, que l'acte translatif, ancien ou récent, dans ses dispositions ou dans ses termes énonciatifs, ne peut en matière d'identité des héritages, faire par lui-même une preuve complète, absolue, comme la preuve dont il est la base entre les parties qui l'ont souscrit; c'est-à-dire du nombre de celles qui excluent légalement et d'autorité les preuves et présomptions contraires. » (2)

(1) « On ne fait pas une application expresse et formelle de cette maxime dans les questions d'identité. Mais, pour n'être pas avouée, cette application n'en est pas moins réelle. Car, d'une part, tous les titres, même les simples documents, sont admis à concourir à la preuve, quelle que soit leur source; et d'autre part, les plus anciens sont consultés avec plus de faveur. C'est l'opinion de tous les auteurs... Au surplus, l'application de la maxime *In antiquis* est ici d'autant plus abusive qu'elle n'avait et ne doit encore avoir lieu que dans le cas où elle a la possession pour appui. » (Note de M. de Robernier.)

(2) M. de la Farelle, député du Gard, chargé par une commission nommée par le Préfet de ce département de rendre compte au Conseil général

Il a été rendu une multitude de décisions judiciaires en faveur du système que nous combattons : mais ordinairement aucune des parties ne pose nettement la question de violation de l'article 1165; on est tellement habitué à suivre une jurisprudence non contredite, qu'on ne songe pas à l'examiner, à s'en rendre compte ; il en résulte que les tribunaux n'ont pas à résoudre une question qui ne leur est pas soumise, et que les arrêts rendus en matière de bornage ne peuvent avoir l'autorité qu'on leur attribue.

Nous croyons devoir rapporter avec quelques détails un arrêt de cassation, le plus concluant de ceux qu'invoquent nos adversaires. Dans une affaire entre Bellot et Perrin-Herbin, portée devant la chambre des requêtes de la Cour de cassation, et rapportée au *Journal du Palais* (1851, t. I, p. 552), le demandeur en cassation alléguait la violation, non de l'article 1165, mais des articles 1341 et 1353 du Code Napoléon, relatifs à la preuve testimoniale. M. le conseiller Mesnard, rapporteur, s'exprima ainsi : « Que la demande en bornage contienne ou indique une revendication, qu'elle conduise au délaissement ou au désistement de l'excédant de terrain que possède un des voisins, on le conçoit. Mais il ne s'ensuit pas que l'action en bornage soit une action en revendication. Dans la première, il s'agit uniquement de régler les confins ou les limites de deux propriétés limitrophes, conformément, soit aux énonciations des titres, soit, dans quelques cas, aux droits acquis par une légitime possession. Le demandeur n'a rien autre chose à réclamer que la restitution de l'excédant de l'héritage voisin, correspondant au déficit qui peut se trouver dans le sien. Ce n'est pas une portion déterminée de terrain qui fait l'objet de sa demande, c'est la portion variable, inconnue encore, et peut-être même non existante, qui formerait l'excédant des limites ou de la contenance indiquées dans les titres de son adversaire. Alors

de l'ouvrage de M. de Robernier, s'exprime ainsi : « Les titres translatifs de propriété ne peuvent être invoqués comme témoignage légal vis-à-vis des tiers, qu'au mépris des notions les plus élémentaires du droit. » (Milet, *Du Bornage*, p. 592.)

il n'a rien à prouver, si ce n'est qu'il lui manque du terrain, et que son voisin en a trop. Et pour arriver à cette preuve, il n'a pas besoin d'opposer à ce voisin des titres dans lesquels celui-ci aurait été partie, *il lui suffit de se prévaloir de ses titres, quels qu'ils soient*, et de les mettre en rapport avec ceux du voisin. Autrement on procède en cas de revendication d'un corps certain, d'une partie déterminée de l'héritage du voisin. Dans ce cas, toute la charge de la preuve incombe au demandeur; il ne lui suffit pas que son adversaire possède une contenance plus étendue que ne le comporte son titre. Il faut qu'il prouve que ce surplus de contenance formant l'objet déterminé de sa demande, est sa propriété, et il ne peut invoquer que des titres auxquels cet adversaire n'est pas étranger. »

Voici l'arrêt qui a été rendu le 2 avril 1850 : « La Cour, attendu que l'action formée par le défendeur éventuel dans le cours de l'instance introduite par le demandeur, avait nettement défini le bornage de leurs propriétés contiguës, que la dite action a été formellement acceptée par le demandeur dans ces conditions; que, par suite, les juges de la cause n'ayant à statuer que sur une demande en bornage, ont pu, comme ils l'ont fait, sans contrevenir à aucune loi, procéder au vu des titres produits par les parties, bien qu'ils ne fussent pas communs entre elles, interroger les documents du litige, l'état des lieux, et même avoir égard à la configuration des terrains respectifs pour déterminer les portions de terrains qui constituaient, dans l'héritage du demandeur, l'excédant sujet à restitution; qu'un pareil mode de procéder se trouve justifié par la nature même de la demande, qui tendait, non à la revendication d'une partie de l'héritage du demandeur, mais à un simple abornement; — rejette. »

L'argumentation de M. Mesnard, comme celle de Curasson, se borne à dire que l'action en bornage diffère de l'action en revendication, ce que personne ne nie : mais il ne dit pas pourquoi les principes de l'une ne doivent pas être ceux de l'autre; pourquoi, en matière de revendication, une partie ne peut pas opposer à son adversaire des titres qui lui sont étrangers, tandis qu'en matière de bornage, cette règle établie d'une manière générale par l'article 1165, devra être écartée, et les titres de chacun feront foi contre tous. Cet honorable magistrat n'a aucunement motivé sa distinction, et il est impossible au lecteur de deviner sur quoi s'est formée sa conviction.

Il est permis de douter que l'arrêt eût été le même si le demandeur en cassation eût formellement allégué comme grief la violation de l'article 1165 : il aurait fallu du moins discuter ce moyen, et nous ne pouvons nous faire aucune idée des motifs qu'on aurait fait valoir pour le combattre.

Enfin s'il arrivait qu'un juge, partageant notre manière de voir, refusât, dans une action en bornage, de faire usage de titres non contradictoires, et appuyât son jugement sur l'article 1165, un tel jugement, bien que contraire à la jurisprudence, pourrait-il être soumis à la censure de la Cour de cassation? Pour prétendre qu'il doit être cassé, que pourrait-on alléguer, de quelle loi signalerait-on la violation? Il y aurait, il est vrai, refus de violer un article du Code Napoléon : oserait-on y voir une ouverture à cassation?... Nous pensons qu'il sera difficile à nos adversaires de répondre catégoriquement à cette question.

Voici un arrêt conforme aux principes que nous défendons. Dans un procès de bornage entre Arnault et Bertauld, la Cour d'Orléans a rendu le 24 août 1816, la décision suivante : « La Cour, considérant que Bertauld n'articule aucune anticipation, et qu'il n'y a lieu à procéder à un arpentage entre deux propriétaires dont les héritages sont contigus, qu'en cas de revendication; considérant *qu'il est de principe, en matière de bornage, qu'il doit se faire dans l'état de la possession actuelle;* infirme. » (*Journal du Palais*, t. XIII, p. 612.)

Deux autres arrêts paraissent avoir été inspirés par les mêmes principes; ce sont : 1° Un arrêt de la Cour de Metz, du 19 avril 1822, Bouillard c. Dangluse (*Pal.*, t. XVII, p. 279); 2° Un arrêt de la Cour de Paris, du 1er mai 1826, de Luynes c. Prudhomme (*Pal.*, t. XX, p. 444).

On voit que notre point de droit n'est pas de ceux sur lesquels on peut produire une liste imposante d'arrêts fortement motivés et concordants, qui fixent la jurisprudence; la question est encore à poser devant les cours supérieures; et l'on peut dire que devant les tribunaux inférieurs il règne plutôt un usage qu'une jurisprudence. Il n'y a à cet égard aucune autorité qui puisse enchaîner la discussion. Le champ reste donc libre. Les auteurs partisans de la théorie contraire à la nôtre, sont nombreux, il est vrai : mais ce n'est ni par le nombre, ni par l'éclat des noms qu'on doit se décider; ce n'est que par le poids des arguments, et nous avons fait voir à quoi se réduisent ceux qu'ils ont fait valoir.

CHAPITRE VI.

DE LA VALEUR DES TITRES QUANT AUX ÉNONCIATIONS DE CONTENANCE.

Il suffit que des actes me soient étrangers pour qu'ils soient sans effet à mon égard, quand même il y aurait tout lieu de regarder comme parfaitement exactes les énonciations qu'ils contiennent; de sorte qu'à la rigueur il n'y a pas nécessité de rechercher si cette exactitude a lieu. Toutefois, pour mieux faire ressortir combien est erroné le système qui fait prévaloir les titres sur la possession en matière de bornage, nous allons examiner si les titres dont l'autorité est invoquée, offrent de solides garanties et méritent cette confiance illimitée.

Les actes sont sous seings privés ou notariés. Dans les actes sous seings privés, les parties sont entièrement livrées à elles-mêmes et affranchies de toute surveillance; elles peuvent y insérer tout à leur aise tout ce qu'elles veulent, fixer à leur gré la contenance des pièces de terre vendues; la plupart manquent des connaissances nécessaires pour rédiger convenablement les actes. Si elles commettent des erreurs, elles en subiront les conséquences; mais est-il juste, est-il raisonnable d'en faire peser la responsabilité sur les tiers et de les rendre victimes de bévues qu'ils n'ont pu prévenir ni empêcher?

Quant aux actes authentiques, le notaire n'a pour mission que de se faire l'interprète des intentions des parties et de donner à leurs conventions la forme authentique; mais il n'est nullement chargé d'être le censeur de leurs prétentions. Du moment qu'on lui déclare que l'acte a pour objet la vente d'un champ d'une certaine étendue, il ne peut qu'enregistrer les déclarations des parties. Il peut, dans leur intérêt, leur donner le conseil de s'éclairer au moyen des anciens titres, s'il y en a, du cadastre ou de tous autres documents; mais si les parties ne tiennent aucun compte de ses avis, ou si elles se déclarent suffisamment éclairées, le notaire doit passer outre et n'a à subir aucune responsabilité quant à l'exactitude des contenances. Son acte prouve authentiquement qu'une certaine personne a vendu à une autre un champ de telle contenance; mais il ne prouve pas que le champ ait eu, soit au moment de la vente, soit à aucune autre époque antérieure, la contenance indiquée dans l'acte; pas plus que le contrat contenant vente d'un immeuble avec déclaration de dépendance de servitudes actives, mais sans l'intervention du propriétaire du fond servant, ne prouve l'existence de ces servitudes.

Dans les contrats les plus soignés, on établit la filiation de la propriété en remontant le plus haut possible, on emprunte aux anciens titres les indications de contenance, et on les conserve, même quand on les sait inexactes, parce qu'on a intérêt à ce que la même pièce de terre soit désignée uniformément dans les divers titres, pour qu'on puisse maintenir son identité et en retrouver l'origine en cas de difficulté.

Les indications de contenance ne font donc que nous reporter à celle qui se trouve dans l'acte le plus ancien auquel on puisse remonter. Or, que trouve-t-on dans cet acte ancien? Rien autre chose, quant à la contenance, qu'une déclaration. Non seulement les voisins intéressés à contrôler cette déclaration qui, dans le système que nous combattons, pouvait avoir pour eux les plus graves conséquences, n'ont pas été appelés à vérifier la contenance indiquée, mais encore rien n'annonce que les parties elles-mêmes aient pris quelques précautions pour en reconnaître l'exactitude. Dans l'immense majorité des actes, on ne se réfère ni à un arpentage, ni à aucun document pouvant en tenir lieu. Il n'y a donc aucune raison de croire à l'exactitude des indications insérées dans ces actes primitifs; c'est donc sans aucun fondement qu'on voudrait considérer ces titres comme des guides infaillibles pour régler à perpétuité les limites des héritages.

Il est certain qu'autrefois les contenances des champs n'étaient usuellement indiquées que d'après la *mesure renommée*, c'est-à-dire que chaque champ était réputé, dans l'opinion de la population du pays, avoir *à peu près* une certaine contenance qui était déterminée, non d'après un arpentage, mais d'après une appréciation faite au hasard, et comme on dit vulgairement, *à vue de nez*. Ce sont ces contenances qui ont été adoptées dans les anciens titres, et elles sont toujours exprimées en nombres ronds : ainsi, dès qu'un champ dépassait deux minots (1), on l'estimait à un nombre entier de minots, sans fraction; s'il était d'une étendue considérable, l'estimation était en setiers, toujours sans fraction. Il y avait donc des champs de 6 setiers, de 7 setiers, de 8 setiers, etc., mais jamais de 7 setiers 1 minot 3 perches 7/10mes. Tous ceux qui employaient les indications usuelles, savaient qu'elles ne donnaient qu'une approximation très-imparfaite; souvent même l'erreur était grossière; mais la désignation

(1) Je me sers, comme exemple, des mesures de Chartres. L'ancien setier valait 4 minots; le minot 20 perches; la perche linéaire était de 21 pieds 8 pouces; ce qui donne pour le setier 39 ares 60 centiares.

erronée continuait d'être invariablement employée par respect pour l'usage, cette désignation ayant l'avantage d'être facile à retenir dans la mémoire, et servant à reconnaître le champ, à établir son identité. Il en résultait nécessairement que deux champs indiqués comme ayant la même contenance différaient très-sensiblement : par exemple, un champ ayant 85 perches était appelé 1 setier, et l'on disait que ce setier était fort; un autre n'ayant que 76 perches était aussi appelé 1 setier, et l'on disait que ce setier était faible. Dans les ventes, échanges, baux, partages, etc., qui avaient ces champs pour objet, on leur donnait la désignation admise dans le pays, et rien n'avertissait que le setier fût fort ou faible, ni surtout de combien la contenance réelle différait de celle qui était consacrée par l'usage. Les parties savaient le plus souvent qu'il y avait une différence, et elles fixaient leur prix en conséquence, sans s'inquiéter de la contenance exprimée dans l'acte. Dans chaque titre, on ne manquait pas de copier textuellement la désignation du champ telle qu'elle était dans les titres antérieurs. L'erreur se perpétuait ainsi (1).

(1) Il y a encore une cause d'erreur que nous devons signaler. Tout le monde sait qu'il y avait autrefois en France une très-grande variété de mesures agraires; le même mot servait à désigner des mesures très-différentes; ainsi, dans le département d'Eure-et-Loir, il y avait quatre sortes de perches. L'étendue de pays où une dénomination était employée, était souvent fort exiguë, de sorte qu'il arrivait parfois que deux paroisses voisines, appartenant à la même province, au même baillage, ayant le même genre de culture, avaient des mesures différentes. Il résulte de là qu'on est exposé fréquemment à se tromper en recourant aux anciens titres, faute de savoir quelle mesure on y a employée : ordinairement, il est vrai, le notaire se servait de celle qui était usitée dans le lieu de la situation des biens; mais quelquefois aussi il se servait de celle qui était en usage, soit dans le lieu de sa résidence, soit dans celui de la résidence des parties, surtout quand il s'agissait d'un seigneur qui faisait dresser par son tabellion des *aveux* ou des baux à cens. En recourant aux actes anciens, on ne peut donc se flatter de connaître sûrement quelle contenance les parties ont entendu énoncer : l'incertitude augmente quand il s'agit d'actes fort anciens, rédigés à des époques où la plupart des notaires seigneuriaux étaient fort ignorants, et où même les notaires royaux n'offraient pas à beaucoup près les garanties qu'on trouve dans le notariat actuel.

Mais n'est-il pas déraisonnable d'aller chercher dans de pareils actes des précédents sur une prétendue contenance normale originaire? Deux champs contigus, par exemple, sont réputés chacun 1 setier : l'un est fort (85 perches), l'autre faible (76 perches); ils ont été transmis pendant une suite de générations, chacun avec la seule indication de 1 setier, sans autre indication; puis, un beau jour, mon voisin demandant le bornage, soutiendra que nos champs doivent être arpentés, et que nos titres nous attribuant à chacun la même contenance, chacun a droit à être nanti de la moitié juste de la superficie totale des deux champs; de sorte que celui qui, par lui et par ses auteurs, depuis un temps immémorial, ne possédait que 76 perches, en aura 80 et demie, et celui qui en possédait 85, sera dépouillé de 4 et demie! Comment peut-on soutenir un système aussi contraire à la raison et à l'équité! Comment puis-je être victime des erreurs commises par les paysans de ma contrée dans la nomenclature faite verbalement et grossièrement des divers champs!...

Depuis l'établissement du système métrique, il a été d'habitude de continuer à désigner les champs par leur contenance d'après la mesure renommée; seulement, pour se conformer à la loi, on y ajoutait la traduction en nouvelles mesures : ainsi l'on disait 39 ares 60 centiares (1 setier). Les notaires savaient que ces indications étaient très-inexactes; mais on trouvait un avantage à les employer, c'était de suivre dans les anciens titres la filiation des pièces de terre; et d'ailleurs l'emploi de ces indications était sans inconvénient entre les parties, au moyen de la clause ordinaire de non garantie de contenance.

La loi du 4 juillet 1837 ayant prohibé l'emploi des anciennes mesures, amena une révolution dans la rédaction des titres. Les notaires qui n'avaient pas fait difficulté jusque là de désigner un champ comme contenant 39 ares 60 centiares (un setier), ne pouvant plus se servir du mot *setier*, comprirent qu'il était peu rationnel de conserver seule la traduction en nouvelles mesures, d'une contenance inexacte fournie par la renommée : attribuer à un champ, non pas un nombre rond d'ares ou d'hectares, mais une quantité comme 39 ares 60 centiares, c'était annoncer une prétention à la précision. Il fallut donc chercher cette précision et pour cela sortir de la routine. On employa généralement la contenance du cadastre. C'est en réalité se référer au cadastre : les titres qui ne renferment pas, sur la contenance des terres, d'autre indication que celle du cadastre, sont donc par eux-mêmes impropres à éclairer sur la véritable contenance ; les invoquer, ce ne serait autre chose qu'invoquer le cadastre.

Ici du moins il s'agit d'une opération générale, faite par l'autorité publique et méritant quelque confiance. Mais le gouvernement, en faisant procéder au cadastre, n'a eu pour but que de parvenir à une meilleure péréquation de l'impôt foncier, à une base aussi exacte que possible de statistique. Il n'a jamais été décrété que l'arpentage du cadastre ferait loi à l'égard des parties dans les contestations privées. Les particuliers, il est vrai, ont été admis à faire leurs observations, lors des opérations du cadastre ; mais on n'y a pas attaché d'autre importance que celle d'un recensement financier. Pourvu que chacun y fût porté pour toutes les parcelles qui lui appartenaient, et rien de plus, et pourvu que l'évaluation de la superficie et la classification n'entraînassent pas d'erreur trop sensible dans l'assiette de l'impôt, on s'est tenu tranquille. Plusieurs particuliers mêmes ont sciemment laissé passer des indications de contenance trop faibles, pensant qu'ils auraient à supporter moins d'impôt. En fait, il est certain et avoué de tout le monde que le cadastre contient de nombreuses inexactitudes (1) que personne n'a le droit de faire accepter à perpétuité. L'énonciation dans les titres de la contenance cadastrale, bien qu'elle s'appuie en général sur des renseignements plus sûrs et plus exacts que ceux des titres, ne peut donc encore être une autorité irrécusable.

(1) M. de Robernier en a signalé un grand nombre, t. I de l'ouvrage précité.

Le cadastre remonte déjà à une époque assez reculée, à une quarantaine d'années pour une grande partie du territoire français : encore quelques années, et, même pour les parties les plus récemment cadastrées, l'opération aura plus de trente années d'existence. Or, il est admis dans le notariat que, dans les actes de transmission d'immeubles, il suffit de faire remonter la propriété à trente ans. Donc, pour la plupart des actes, et bientôt pour tous, l'indication de la contenance cadastrale est ou va être la seule employée, ce qui équivaut à l'absence d'indication particulière et au recours aux registres communaux. Parmi les propriétaires, il y en aura qui ne pourront faire remonter leur propriété au-delà de trente ans et qui n'auront que des titres indiquant les contenances cadastrales, sans pouvoir les rattacher aux anciens titres; d'autres seront en état de remonter aux anciens titres. Quand, dans un procès, toutes les parties seront dans le premier cas, comme les titres produits ne feront que répéter les énonciations cadastrales, il y aura bien nécessité de choisir entre l'autorité du cadastre et la possession actuelle; ce cas devra se présenter souvent, et l'on peut même prévoir que la force des choses tendra de plus en plus à rendre inapplicable le système de l'autorité des titres. Quant à ce qui devra avoir lieu quand il y aura concurrence entre les diverses classes de titres, nous nous en occuperons au chapitre suivant.

Quelques actes, mais en bien petit nombre, énoncent un arpentage. Il y a là au moins un document sérieux, basé sur une opération régulière. Si l'arpentage est contradictoire, nul doute qu'il n'ait une autorité décisive entre les parties. Mais il n'en pourra être de même de l'arpentage qu'un propriétaire ferait faire, sans le concours de ses voisins, par un géomètre de son choix. L'arpentage même qui serait fait en vertu d'un jugement et par un géomètre commis par justice, serait sans force à l'égard des tiers : à plus forte raison, devrait-on refuser toute autorité à une opération particulière, faite sans surveillance et sans garantie. Toutefois, un arpentage judiciaire, quoique ne pouvant, suivant la stricte rigueur du droit, être opposé à des tiers, serait certainement un document grave et méritant d'être pris en considération : mais on ne peut reconnaître une égale valeur à l'arpentage qu'un individu fait faire de son autorité privée et sans consulter personne (1). La profession de géomètre est entièrement libre, accessible au premier venu : ceux qui l'exercent, ne sont donc revêtus d'aucun caractère public, n'ont aucune mission pour conférer à leurs actes l'authenticité. On compte parmi les géomètres des hommes extrêmement distingués sous tous les rapports, mais il y a aussi des individus qui n'offrent pas des garanties très-solides de capacité et de moralité (2). Il ne suffit donc pas qu'un procès-verbal d'arpentage soit signé d'un géomètre patenté, pour qu'on puisse de confiance accepter l'exactitude de son travail (3). Bien plus, un propriétaire avide et de mauvaise foi ne manquerait pas de rencontrer un individu prenant le titre de géomètre, et qui se prêtant complaisamment à ses vues, exagérerait à dessein la contenance de ses pièces de terre. Il ne peut être au pouvoir d'un propriétaire de

(1) « L'arpentage, dit M. Toussaint, est le mesurage légal des propriétés; *il n'a de force qu'autant qu'il est fait contradictoirement*, en présence des propriétaires intéressés, ou du moins lorsqu'ils auront été appelés. » (*Code de la propriété*, t. I, n° 920.)

(2) « Les fonctions de géomètre, dit M. le juge de paix Magnin, sont presque toujours remplies dans les campagnes par l'instituteur du lieu, également dépourvu des instruments ou des connaissances trigonométriques nécessaires. Aussi le procès-verbal qu'il dresse, n'est plus qu'une lettre morte quand le besoin d'y recourir se présente, c'est-à-dire quand les bornes ont disparu. » (*Le Correspondant des juges-de-paix*, 1857, p. 18).

(3) « Dans une demande en bornage, l'application d'un ancien plan serait souvent un mauvais guide pour reconnaître quelques anticipations, et reconnaître les bornes quand elles n'existent plus. La science topographique, dans les siècles précédents, était loin d'avoir atteint le degré de perfection qu'elle possède aujourd'hui; les arpenteurs qui passaient pour les plus habiles commettaient des erreurs tellement graves que, dans plusieurs affaires pendantes devant les tribunaux, j'ai vu d'anciens plans de forêts domaniales ou communales, dont il était impossible de faire l'application pour fixer la limite du bois avec l'héritage adjacent. » (Curasson, *Traité des actions possessoires, du bornage et autres droits de voisinage*, note de la page 441.)

se faire ainsi un titre à lui-même, et l'on ne peut admettre que les voisins doivent être victimes des erreurs qui se seraient glissées, volontairement ou involontairement, dans un procès-verbal qu'ils n'ont pas été appelés à contrôler. Les arpentages non contradictoires ne suffisent donc pas pour donner aux titres l'autorité qui leur manque.

Il arrive maintes fois que des clercs de notaire ayant à insérer dans un acte la désignation de nombreuses pièces de terre, font confusion entre plusieurs pièces; il en résulte des erreurs de contenance qui se répètent dans les actes subséquents, et qu'il est impossible de rectifier à défaut des titres antérieurs. N'importe; tout ce qui est écrit dans les actes est un oracle infaillible, devant lequel doivent s'incliner les voisins!...

Nous avons supposé jusqu'ici les contenances indiquées de bonne foi par les parties dans les titres. Mais il faut bien aussi admettre la possibilité de la fraude, et ici elle est extrêmement facile. Qu'un acquéreur, d'accord avec son vendeur qui n'encourt aucune responsabilité, assigne dans l'acte de vente une contenance exagérée à la pièce de terre vendue, il s'en suivra, d'après la doctrine que nous combattons, que cet acquéreur, venant à demander le bornage à ses voisins, leur fera produire leurs titres où la véritable contenance sera indiquée (ou à peu près) : fort du titre qu'il aura fabriqué pour le besoin de la cause, il se fera attribuer une contenance qui ne lui appartient pas, et dépouillera impunément le propriétaire de bonne foi. On objecte en vain que le stratagème sera dévoilé si le juge recourt aux titres antérieurs : il est très-facile de rompre la tradition en n'énonçant pas dans le contrat comment le vendeur était propriétaire de l'objet vendu, ce qui sera sans inconvénient pour l'acquéreur s'il a confiance dans la solvabilité du vendeur, et s'il s'est assuré que celui-ci possédait depuis un temps suffisant pour prescrire. — Une fois le titre frauduleux obtenu, l'indication mensongère sera répétée dans les titres subséquents à chaque changement de propriétaire; de sorte que, quand il faudra agir contre les voisins, on leur opposera une série de titres géminés et parfaitement conformes; cette conformité, qui ne sera autre chose que la répétition d'une erreur volontaire, et qui, d'après la raison, ne devrait être d'aucun poids, sera souverainement imposante d'après les partisans de l'autorité des titres.

On a soutenu que de telles fraudes seraient difficiles à exécuter en ce que l'acquéreur s'exposerait, de la part de la Régie de l'Enregistrement, à une réclamation de supplément de droits; et que le succès serait douteux, vu que les juges doivent accorder beaucoup moins de confiance aux ventes faites sans garantie de mesure, qu'à celles qui se font sans que le vendeur soit affranchi de la garantie légale. — Quant à la Régie, une réclamation de sa part est peu à craindre tant que l'exagération de contenance est renfermée dans de certaines limites que les parties du reste ne pourraient excéder sans commettre une invraisemblance choquante qui compromettrait le succès du stratagème : ainsi une exagération du cinquième ou du quart ne peut éveiller l'attention des préposés qui ne considèrent que la valeur vénale, qui ne l'apprécient ordinairement que d'après le revenu locatif et le revenu imposable, et qui ne recourent au forcement de droits que dans le cas où il y a une disproportion évidente entre cette valeur et le prix stipulé. D'ailleurs il est malheureusement vrai que, tous les jours, une foule de personnes dissimulent dans les actes de vente une partie considérable du prix afin d'éluder les droits, et que par conséquent la sévérité de la Régie est peu redoutée. — Quant à écarter tous les actes où est stipulée la non garantie de mesure, cette solution aurait pour conséquence, dans certains départements, l'élimination générale de tous les titres passés depuis trois siècles, et par conséquent, la mise au néant, dans ces localités, du système que nous combattons. D'ailleurs, des gens assez peu scrupuleux pour commettre la fraude que nous signalons, ne manquent pas d'expédients pour échapper aux précautions : ils n'ont qu'à omettre, dans l'acte de vente, la clause de non garantie, puis l'acquéreur donne au vendeur une contre-lettre post-datée, par laquelle il le décharge de toute responsabilité quant à la contenance indiquée dans l'acte; et au bout d'un an, la contre-lettre devenue inutile, est supprimée. On voit que les fripons ont beau jeu pour dépouiller les honnêtes gens, grâce au système de nos adversaires.

Mais il ne suffit pas de signaler un danger : il faut faire voir que nous n'avons pas forgé des hypothèses à plaisir, et que la fraude que nous avons indiquée a été réellement employée et se commet encore journellement. Nous empruntons à cet égard un témoignage qui a d'autant plus de poids qu'il émane d'un magistrat partisan de l'autorité des titres, en matière de bornage. M. Magnin, juge de paix à Saint-Blin (Haute-Marne), dans une dissertation remarquable, insérée au *Correspondant des juges de paix* (nº de janvier 1857), déclare que, dans la contrée qu'il habite, rien n'est plus commun que de passer des actes de vente dans lesquels les parties s'entendent pour exagérer la contenance des pièces de terres; c'est *une habitude invétérée.* « Les uns, dit-il, s'avouent formellement à eux-mêmes leur projet d'envahissement prémédité, les autres cherchent à persuader à leur conscience qu'ils agissent dans un but purement défensif, qu'ils ne font que prendre une précaution contre un voisin peu délicat, qui pourrait bien déjà être pourvu d'un titre amplifié... Voici à peu près comment les choses se passent. L'acquéreur nanti d'un titre où l'expresion de la contenance a été exagérée, s'applique aussitôt à reculer, par voie d'empiètements, les limites de sa possession, de manière à les mettre d'accord avec son titre. Si l'usurpation a été faite suivant les règles de l'art, le propriétaire envahi n'ose pas s'exposer aux chances défavorables d'une instance possessoire dans laquelle sa qualité de demandeur mettrait à sa charge le fardeau de la preuve. Il se trouve réduit dès lors à l'alternative suivante : ou il provoque immédiatement le bornage, ou il attend le prochain labour pour reprendre ce qui lui a été pris. Mais, dans ce dernier cas, l'usurpateur qui ne veut laisser échapper aucun des avantages de sa position actuelle, n'hésite pas à se constituer lui-même demandeur en bornage. On arrive sur le terrain, les titres sont produits de part et d'autre, et les propriétés respectives sont mesurées. Qui n'a déjà prévu le résultat de cette opération? L'étendue des deux sillons réunis est inférieure à la quantité réclamée par les deux titres. Ce qui manque à l'un, a passé à l'autre par l'effet de l'anticipation; mais la voie de fait n'a pas laissé de traces, et le champ de l'usurpateur ne s'est agrandi que dans la mesure de l'excédant de contenance qu'il lui a fait donner. Il a donc titre et possession. On s'incline devant cette double autorité! Et *voilà, de par la loi et justice, le bénéfice de la fraude irrévocablement acquis à son auteur!* Combien il aurait plus beau jeu encore, s'il avoisinait une parcelle dépendant d'un domaine acquis en bloc! » (p. 11).

L'honorable magistrat gémit de la nécessité qu'il croit lui être imposée de sanctionner de pareilles fraudes : « Il faut, dit-il, se mettre à la place du juge pour comprendre la douleur qu'il éprouve quand il subit la nécessité de viser dans sa sentence un titre vicié d'une altération évidente, et de donner sciemment au vol la consécration judiciaire » (p. 11). Et, chose étrange, il ne lui vient même pas à la pensée d'examiner s'il est bien vrai que la loi autorise un tel abus, et quel texte l'oblige à reconnaître que les conventions des parties ont leur plein effet à l'égard des tiers!

Voici maintenant, sur le degré de confiance que méritent les titres, quant à la contenance, les aveux de plusieurs auteurs recommandables, tous partisans du système du bornage d'après les titres :

1° « Lorsque les titres désignent des limites bien précises et qui rendent peu probable une anticipation, il semble qu'on doit décider d'après ces signes apparents, *plutôt que par la contenance qui est indiquée* PRESQUE TOUJOURS *dans les actes d'une manière incertaine et, pour ainsi dire, sur l'aperçu des contractants.* » (Pardessus, n° 122.)

2° « Si les titres indiquent des limites précises, on doit avoir égard à ces limites *plutôt qu'à la contenance qui dans les actes est* PRESQUE TOUJOURS *indiquée d'une manière incertaine et par aperçu*. On a même vu des acquéreurs insister à ce que la véritable contenance énoncée sans garantie, soit augmentée, afin de s'en prévaloir dans la suite. » (Curasson, *Compétence des juges de paix*, t. II, p. 460. 2e éd.)

3° « Il faut se prémunir contre un genre de fraude *très-fréquent*, et qui consiste à faire insérer dans les ventes, les partages, les contrats de mariage, etc., une contenance supérieure à celle qu'a réellement l'héritage. Muni d'un semblable titre, le nouveau propriétaire augmente successivement sa contenance par de nombreuses anticipations presque imperceptibles, et lorsque chaque année les voisins n'ont pas la précaution de faire réprimer les entreprises par des actions en complainte ou en réintégrande, l'usurpation finit par joindre la possession au titre, et alors il peut se présenter avec avantage dans une opération de bornage. » (Dumay, p. 6.)

4° « L'excédant peut aussi bien provenir *de l'inexactitude des énonciations du contrat, des évaluations de mesure, qui* TRÈS-SOUVENT *ne se font que d'une manière approximative*, que d'une erreur dans l'opération de bornage. » (Duranton, t. V, n° 260.)

5° « *L'énonciation des quantités n'étant souvent exprimée dans les titres que d'une manière approximative et incertaine, et quelquefois fort inexacte*, etc. » (Demolombe, *Servitudes*, t. I, n° 273.)

6° « Lorsque les titres désignent des limites bien précises et qui rendent peu probable une anticipation, il semble qu'on doit décider d'après ces signes apparents, *plutôt que par la contenance qui est indiquée* PRESQUE TOUJOURS *dans les actes d'une manière incertaine et, pour ainsi dire, par l'aperçu des contractants*. » (Rolland de Villargues, V° *Bornage*, n° 51.)

7° M. Mongis (*Encyclopédie du droit*, V° *Bornage*) s'élève contre la cupidité des vendeurs toujours disposés à exagérer dans les actes de vente, l'étendue des terrains qu'ils aliènent. « Ainsi, dit-il, le mensonge de l'un favorise les usurpations de l'autre; et ce mensonge que le législateur n'a pas songé à prévenir, que les officiers instrumentaires se soucient peu de contrôler, devient une source inépuisable de procès... Celui dont le titre énonce une contenance frauduleuse, voudra s'en tenir à son titre, l'autre, fort de son droit, voudra avoir sa part entière, etc. » Ce jurisconsulte reconnait que, dans les contrats, la contenance est *presque toujours* indiquée d'une manière incertaine et approximative, et sur l'estimation des contractants eux-mêmes (nº 49); il voudrait que, par une disposition législative, le vendeur fût tenu d'appeler au contrat tous les tenanciers, afin que, *contradictoirement avec eux,* les limites de la terre vendue puissent être régulièrement fixées (nº 13).

8º « Il est certain que les vendeurs sont portés à exagérer les contenances, et qu'un acte de vente peut par conséquent se trouver, lorsqu'on l'applique au bornage, *suspect d'inexactitude.* » (Jay, *Dictionnaire des justices de paix*, Vº *Bornage*, nº 154.)

9º M. Dalloz enseigne que, « quand les titres désignent des limites précises, le juge doit les prendre pour base de sa décision, *de préférence à la contenance indiquée, qui est rarement d'une exactitude parfaite.* » (Répertoire, Vº *Bornage*, nº 43.)

10º M. Perrin dit également que, quand dans les titres on rencontre tout à la fois et la contenance du terrain et des limites bien précises qui rendent peu probable une anticipation, il faut décider d'après les signes apparents, « *plutôt que par la contenance qui est presque toujours indiquée dans les ventes d'une manière incertaine et pour ainsi dire sur l'aperçu des contractants* » (nº 890). (1)

(1) Aux témoignages de ces auteurs partisans de l'autorité des titres en matière de bornage, nous joignons celui de M. Troplong :

« PRESQUE TOUJOURS *les contenances indiquées dans les anciens titres sont inexactes*..... Les indications de contenance sont habituellement trop fautives pour s'y arrêter. » (*Prescription*, nº 352.)

Conçoit-on qu'après avoir porté de tels jugements, après avoir reconnu combien les titres présentent de chances d'erreur quant aux contenances, ces auteurs persistent à prendre ces titres pour guides en matière de bornage, à en faire les régulateurs inflexibles des contenances, à les opposer à des tiers qui n'ont pu ni les contrôler ni les contredire !...

Plusieurs partisans de la doctrine que nous combattons, obligés de reconnaître qu'en général les titres fournissent des renseignements peu exacts, croyent néanmoins qu'il y a nécessité de les admettre : car enfin, disent-ils, on ne peut envelopper tous les titres dans une réprobation générale ; et d'ailleurs il ne suffit pas, dans une espèce, d'alléguer que les titres produits peuvent être inexacts, il faut le prouver, sans quoi on ne peut les faire rejeter. — Nous ne prétendons pas que tous les titres soient inexacts, et là n'est pas la question ; il s'agit encore moins de détruire tous les titres, ce à quoi personne ne songe. Tous les titres doivent, au contraire, être conservés précieusement et faire preuve complète, mais seulement entre les parties et leurs ayant-cause ; alors, sans doute, on ne peut être admis à en décliner l'autorité, sous prétexte qu'ils peuvent être inexacts, et c'est à celui qui allègue l'inexactitude à en fournir la preuve. Mais à l'égard des tiers, les titres sont sans effet, comme nous l'avons démontré, et il suffit qu'ils soient étrangers à celui auquel on les oppose, pour que celui-ci ait le droit de les faire écarter péremptoirement et sans avoir besoin de les discuter ni même de les examiner. C'est surabondamment que nous ajoutons que les titres étrangers aux parties, indépendamment de ce qu'ils sont sans autorité d'après les principes du droit, présentent une multitude de chances d'erreurs et ne méritent nullement la confiance qu'on veut leur attribuer. Qu'il y ait des erreurs dans les actes où j'ai été partie, ou dans ceux auxquels ont concouru mes auteurs, je dois en subir les conséquences ; c'était à nous à veiller à la rédaction, à nous prémunir contre toutes les inexactitudes : mais quand il s'agit d'actes auxquels ni moi ni mes auteurs n'avons figuré, je ne puis être responsable d'erreurs que je n'ai pas été à même d'empêcher, et je ne suis tenu de rien prouver. Il serait souverainement inique et déraisonnable de m'imposer, par exemple, l'obligation de prouver que lors de la rédaction du plus ancien titre de mon voisin, la contenance du champ a été inexactement établie, quand même l'acte ne ferait aucune mention de précautions prises pour assurer exactement la mesure ; ou que les parties n'ont pas frauduleusement exagéré la contenance. Non seulement les erreurs volontaires ou involontaires sont possibles, mais elles sont extrêmement fréquentes ; et c'est outrager le bon sens et la justice, que de prétendre que des actes d'une exactitude aussi suspecte doivent tenir lieu d'oracles envers et contre tous.

CHAPITRE VII.

DES DIVERSES ESPÈCES DE TITRES, DU CAS D'ABSENCE DE TITRES, DE L'ANCIENNETÉ DES TITRES.

§ Ier. *Diverses positions des propriétaires, quant aux titres.*

On concevrait le système de la prééminence des titres si l'autorité publique intervenait dans toutes les transmissions d'immeubles et exerçait une surveillance sur les actes qui les constatent ; mais on sait qu'il n'y a et qu'il n'y a jamais eu rien de semblable en France. La loi n'a exigé aucun mode particulier, elle n'oblige même pas les parties à passer un acte quelconque. Une possession suffisamment longue dispense de toute espèce de titres ; celui qui possède sans titre, soit qu'il n'en ait jamais eu, soit que les siens aient été perdus, n'en est pas moins légitimement propriétaire. Les parties peuvent, à leur gré, rédiger leurs conventions par actes sous seings-privés ou les faire constater par acte notarié. Bien que la prudence commande d'insérer dans les actes l'établissement de propriété, cette formalité n'a rien d'obligatoire ; de sorte que parmi les titres, il y en a qui se réfèrent aux titres antérieurs en remontant plus ou moins haut, tandis que d'autres ne font aucune mention des auteurs du vendeur ou ne remontent qu'à un temps très-court. Il en résulte que la position des propriétaires présente de grandes dissemblances sous le rapport des titres. Les partisans du système que nous combattons adoptent une règle qui suppose que tous les propriétaires ont des titres avec un établissement de propriété parfaitement régulier. Aussi se trouve-t-il en défaut dès que les parties ne peuvent satisfaire à cette condition. Ce système a donc pour conséquence d'introduire entre les propriétaires des catégories, de conférer aux uns des priviléges considérables, et cela sans que la loi autorise de telles distinctions.

Voici les divers cas qui peuvent se présenter : ou aucune des parties n'a de titres, ou l'une en a et l'autre n'en a pas, ou toutes ont des titres ; il y a encore à distinguer si une partie n'a que le titre par lequel elle a acquis, ou si elle a une série de titres qui établissent sa propriété; et enfin il y aura à examiner si parmi les titres l'ancienneté est un motif légitime de préférence.

§ II. *Du cas où aucune des parties ne produit de titres.*

Dans le cas où aucune des parties ne produit de titres, chacun doit être maintenu dans sa possession, puisque rien, absolument rien n'autorise à supposer que cette possession ne soit pas légitime, et qu'aucune des parties ne pouvant prouver que l'autre ait commis d'anticipation à son préjudice, aucune ne peut être tenue à restitution. C'est ce que décident Toullier (t. III, nº 176), Paillet (p. 668), Bioche (Vº *Bornage*, nº 21), Mongis (Vº *Bornage*, nº 54), Dumay (app., p. 22), V. Foucher (nº 283, p. 207), etc. « La possession, dit Pardessus, qui l'emporte sur les titres lorsqu'elle a duré le temps fixé par la loi, doit à plus forte raison décider en faveur de celui qui l'invoque s'il n'existe point de titres capables de déterminer l'étendue des deux propriétés contiguës, ou au moins de l'une d'elles. Alors il n'est pas indispensable que cette possession ait duré le temps nécessaire pour prescrire. Le seul fait de son existence pendant un an sans trouble établit, suivant l'article 2230 du Code civil, en faveur de celui qui l'invoque, une présomption légitime dont l'effet ne peut être détruit que par un titre ou par une possession antérieure d'une durée équivalente à un titre (*Serv.*, nº 128). »

Nous n'admettons même pas que chaque propriétaire soit tenu de prouver que sa possession a duré un an : les deux propriétaires, parties dans l'instance en bornage, sont dans la même position ; aucun d'eux n'a rien à prouver vis-à-vis de son voisin ; chacun doit conserver ce qu'il possède ; ce serait à celui qui voudrait faire changer la ligne divisoire actuelle à prouver qu'il a droit à une partie du champ de son voisin, ce qui mettrait le demandeur dans l'obligation de prouver qu'il a antérieurement possédé cette partie et que son voisin s'en est emparé à son préjudice. Ainsi, sauf le cas de pareille demande, la ligne divisoire actuelle doit être maintenue.

Il y a cependant des jurisconsultes qui, même en l'absence de titres de part et d'autre, ne veulent pas qu'on borne d'après la possession : ainsi M. Delahaye (*loc. cit.*) préfère qu'on s'en rapporte à d'anciens procès-verbaux, même à de simples plans d'arpentage, « peut-être encore à d'anciennes marques. » M. Jay est aussi d'avis qu'en l'absence des titres on ait recours « à tous autres documents, mais surtout à la possession constatée par des enquêtes » (*Dict*, Vº *Bornage*, nº 177).

Il n'y aurait lieu à enquête qu'autant que la possession invoquée par l'une des parties serait deniée par l'autre. — Nous croyons avoir démontré que la possession doit l'emporter sur des titres non contradictoires : elle ne peut davantage être combattue par des documents qui, n'émanant ni des parties, ni de leurs auteurs, ne font foi contre aucune d'elles et ne peuvent avoir aucune autorité.

Il peut arriver que la ligne séparative des héritages ne puisse plus être retrouvée, soit par suite d'une inondation, soit parce qu'un même fermier ayant joui de deux pièces de terre contiguës, appartenant à des propriétaires différents, en aurait confondu le labour, comme il arrive quelquefois dans la Beauce, malgré les clauses prohibitives des baux. Alors chacun a à prouver jusqu'où s'étendait sa possession, et l'on devra chercher par une enquête à retrouver l'ancienne limite. Ce n'est qu'à défaut de renseignements précis fournis par les témoins, qu'on devra recourir au cadastre qui nous semble le meilleur guide et dont l'autorité doit être préférée à celle des titres non contradictoires, toujours suspects d'exagération. Comme alors il est impossible de déterminer rigoureusement ce que chacun possédait avant l'événement qui a fait disparaître la ligne séparative, on sera certain d'arriver par le cadastre à une grande approximation, c'est-à-dire à la seule chose humainement possible en pareil cas.

§ III. *Du cas où l'une des parties a des titres et l'autre n'en a pas.*

Prenons maintenant le cas où une seule des parties produit des titres. Les auteurs partisans de l'autorité des titres n'éprouvent aucun embarras et décident que l'on doit borner en s'en rapportant aux titres produits. — Toullier, t. III, n° 176; Curasson, *Compétence des juges de paix*, t. II, p. 400; Vaudoré, V° *Bornage*, n° 18; Rolland de Villargues, V° *Bornage*, n° 47; Paillet, p. 670; Jay, V° *Bornage*, n° 173; *Répertoire du Journal du Palais*, V° *Bornage*, n° 47. — « Si l'un a des titres, dit M. Milet, et que l'autre n'en ait pas, les titres doivent servir de règle, c'est-à-dire que l'on doit d'abord fournir à ceux qui ont des titres leur quantité, et *laisser ce qui reste* à ceux qui n'en ont pas. Telle est la conséquence qui doit être déduite du principe que ce sont les titres qui doivent faire la règle » (p. 407).

Ce système conduit à de singulières conséquences que n'ont sans doute pas prévues ces auteurs. Par exemple, je possède 50 ares, et je n'ai pas de titre; mon voisin produit des titres dans lesquels la contenance de son champ est portée à 5 hectares. L'arpentage a lieu et donne pour le total de nos champs, juste 5 hectares. Mon voisin prendra la totalité de mon champ, et il ne me restera rien... Que sera-ce donc si l'arpentage ne donne que 4 hectares et demi? Mon voisin me prendra tout, et je lui redevrai encore un demi-hectare! Voilà, il faut en convenir, une singulière justice...

Quelques praticiens, reculant devant de telles conséquences, et ne voulant pas cependant abandonner le système dont elles découlent, ont pris un moyen terme et veulent qu'on supplée aux titres qui manquent à une partie en recourant à divers documents (1). Il est certain que, dans la plupart des cas, le seul document écrit sera le cadastre. Voilà une concession qui compromet singulièrement le système. Comment employer concurremment deux documents d'origine si différente, et leur reconnaître la même autorité? On nous dit que les titres font la loi (Toullier, t. III, n° 175; *Rep. du Journ. du Pal.*, V° *Bornage*, n° 125), que les contenances portées dans les titres sont les seules véritables, les seules auxquelles ait droit le propriétaire : une des parties se présente armée de son titre, d'après lequel elle a droit à une certaine contenance qu'elle vient réclamer, et l'on se refuse à accueillir cette réclamation, on met en balance avec son titre un simple document auquel on ne reconnaît aucune autorité! Il y a là une inconséquence choquante. Si le cadastre doit faire foi, qu'on le prenne pour guide en l'appliquant à toutes les parties; si au contraire on le récuse, comme n'ayant qu'une valeur inférieure à celle des titres, qu'on ne vienne pas le mettre sur la même ligne.

S'il était entendu que le cadastre peut suppléer au défaut de

(1) *Journal des Géomètres*, *Bulletin judiciaire* de 1859, p. 107.

titre et en tenir lieu, il y aurait une fraude possible, et que nous devons signaler. Si l'une des parties a un titre passé en dehors de la contrée, elle sera maîtresse de le produire ou de n'en pas faire usage; et suivant qu'elle aura plus d'avantage à se prévaloir de la contenance indiquée dans son titre, ou de celle du cadastre, elle invoquera l'un ou l'autre de ces documents. On ne peut admettre qu'une partie puisse ainsi tenir son adversaire à sa merci.

On voit que, pour le cas où une seule des parties produit des titres, les partisans du système de l'autorité des titres sont réduits à l'alternative, de tout accorder aux titres produits par l'une des parties, au risque de dépouiller totalement son voisin, au mépris de sa possession, et de consacrer par là une iniquité révoltante; ou de se déjuger, de sacrifier leur principe en remplaçant les titres par des documents d'une nature totalement différente. Il n'en faut pas davantage pour faire ressortir la fausseté du système qui, s'il était vrai, devrait suffire pour tous les cas et ne jamais se trouver en défaut.

§ IV. *Des titres n'indiquant pas les contenances.*

Nous arrivons au cas le plus ordinaire, celui où toutes les parties produisent des titres.

Plusieurs auteurs ont prévu le cas où les titres produits par les parties n'énoncent pas la contenance appartenant à chacune d'elles, et ils veulent qu'alors le terrain total soit partagé entre elles et par égales portions, sans avoir aucun égard à la possession. C'est ce que décident Toullier (t. III, n° 176), Dalloz (n° 46), Vaudoré (n° 20), Paillet (p. 670), Perrin (n° 902).

Cette solution n'est pas soutenable. Car la partie qui a des titres n'indiquant pas la contenance, ne peut être traitée plus défavorablement que si elle n'avait pas de titre. On peut même dire que, quant au bornage, les positions des deux parties sont identiques. Or, puisqu'en l'absence de titres de part et d'autre, on borne suivant la possession, il n'y a pas de raison pour décider autrement quand les titres sont muets sur la contenance et ne peuvent par conséquent fournir aucune lumière sur la délimitation des héritages. (1)

L'application de la solution donnée par ces auteurs serait d'une injustice criante. Ainsi supposons deux propriétaires voisins : l'un possède une pièce de terre de 1 are, et l'autre une de 10 hectares. Le premier demande le bornage ; et, comme les titres n'expliquent pas les contenances, ce demandeur, bien qu'il n'articule pas qu'il ait jamais été propriétaire du champ voisin, ni qu'aucune usurpation ait été commise à son préjudice, se fera adjuger 5 hectares 50 centiares ! Et le défendeur qui possédait paisiblement 10 hectares, et auquel on n'aurait pu enlever aucune parcelle de son héritage par voie de revendication, sera, sous prétexte de bornage, dépouillé de près de moitié de son bien ! Il suffit, pour juger un tel système, d'en faire voir les conséquences.

Quant au cas où l'une des parties a un titre indiquant la contenance, et l'autre un titre qui n'en indique aucune, on doit décider comme dans le cas où l'une des parties a un titre et l'autre n'en a pas.

§ V. *Du cas où les titres de l'une des parties n'indiquent pas d'autre contenance que celle du cadastre.*

Parmi les titres indiquant les contenances, il faut distinguer. Les uns n'indiquent pas d'autre contenance que celle du cadastre et ne se réfèrent qu'à des titres antérieurs où cette contenance est également la seule indiquée ; d'autres titres indiquent une contenance différente de celle du cadastre. Les premiers, en réalité, ne sont, quant à la contenance, que l'écho du cadastre ;

(1) « Lorsque les parties ne présentent point de titre, ou lorsque leurs titres sont muets sur la contenance du fonds, c'est la possession qui doit faire la règle. » (Jeccottou, *Actions civ.*, n° 368.)

c'est exactement comme s'ils n'indiquaient aucune contenance, et qu'ils se bornassent à indiquer, pour chaque pièce de terre, la section et le numéro de la matrice. Les admettra-t-on concurremment avec les autres titres? Mais ce serait admettre le cadastre pour les uns, et les titres pour les autres, et commettre l'inconséquence que nous avons signalée plus haut. Les rejeter pour n'admettre que les titres énonçant une contenance différente de celle du cadastre, et borner d'après ces derniers, ce serait introduire arbitrairement une distinction que rien ne justifie, ce serait mettre une classe nombreuse de propriétaires à la merci de leurs voisins, et autoriser, comme nous l'avons vu, des spoliations révoltantes. On voit que le système en question ne peut se soutenir, qu'il ne repose sur aucun principe fixe, et que, malgré les expédients dont on est obligé de l'étayer, il chancelle au moindre vent.

§ VI. *Du choix entre plusieurs titres concernant le même immeuble.*

Il peut se faire que les titres produits par une partie soient concordants quant à la contenance; mais il arrive souvent aussi qu'ils sont discordants. Que doit-on décider dans ce dernier cas, et à quel choix doit-on s'arrêter?... On ne peut donner la préférence à l'un de ces titres sans rejeter les autres; en rejeter quelques-uns, c'est déclarer qu'ils ne méritent aucune confiance, c'est reconnaître la possibilité de titres inexacts; mais dès lors, qui nous assure que ceux qu'on aura choisis échappent à ces chances d'erreurs et valent mieux que ceux qu'on met au rebut? Dès qu'il est entendu que les titres sont faillibles quant à la contenance, à l'aide de quel criterium pourra-t-on discerner les bons et les mauvais? Comme ce criterium n'existe pas, on sera donc bien obligé d'avouer qu'en s'en rapportant aux titres on prend un guide peu sûr, qu'on s'expose à l'erreur; comment donc ose-t-on, sur leur seule autorité, enlever à l'une des parties ce qu'elle possède?...

Les auteurs sont loin d'être d'accord sur la question de savoir si, en cas de divergence entre les titres concernant la propriété d'une même pièce de terre, on doit préférer les anciens ou les nouveaux. M. Duranton opte « pour les plus anciens monuments ou titres, *à moins qu*'il n'y ait preuve d'un changement de confins » (t. V, n° 256). Suivant Curasson, « les titres d'une date récente prouvent peu, les plus anciens doivent être préférés en thèse générale. *Toutefois* l'ancienneté n'est pas toujours une raison de préférence : les changements successifs de propriétaire, les innovations qu'apporte la succession des temps, modifient nécessairement les divisions précédentes » (*Compétence des juges de paix*, t. II, p. 460). Les auteurs du *Répertoire du journal du Palais* enseignent que « les titres anciens doivent généralement être préférés aux titres récents. *Toutefois* cette proposition ne doit pas être entendue dans un sens absolu. On conçoit, en effet, que les titres récents peuvent avoir modifié ceux qui étaient antérieurs, et, le cas échéant, on devrait s'attacher de préférence à ceux qui fixent le dernier état des choses » (V° *Bornage*, n° 126). « Les actes anciens, dit M. Dalloz aîné, sont préférables aux actes nouveaux, parce que ceux-ci peuvent être quelquefois supposés avoir été faits à l'intention du bornage » (V° *Bornage*, n° 44). Cette opinion est adoptée par M. Milet (p. 364 à 365) et par le *Dictionnaire du notariat* (V° *Bornage*, n° 44).

Ces auteurs, grâce à leurs restrictions, ont trouvé moyen de souffler le chaud et le froid et ne paraissent pas avoir d'idée bien arrêtée; comme il est le plus souvent impossible de découvrir pourquoi un des titres énonce une contenance différente de celle des autres, il n'y aura aucun moyen de distinguer si c'est la règle qui doit l'emporter ou l'exception, si l'on doit faire prévaloir les raisons qui, suivant eux, doivent militer en faveur de l'ancienneté, ou celles qui au contraire doivent faire préférer les titres plus récents. En définitive, ils laissent le lecteur dans l'incertitude, ne lui fournissent aucune règle et font dépendre la solution du hasard ou du caprice.

D'autres auteurs préfèrent décidément les titres récents. M. Demolombe veut qu'on interroge « les titres anciens, et aussi *surtout les nouveaux*, lorsque les propriétés, en passant successivement dans plusieurs mains, ont été divisées et ont reçu des délimitations nouvelles et différentes ». (*Servitudes*, n° 272.) « Entre plusieurs titres, dit M. Vaudoré, l'ancienneté n'est pas toujours une raison de préférence » (n° 19). C'est aussi l'avis de Paillet (p. 670) et de M. Perrin (n° 901). (1)

Ainsi, soit qu'on préfère les anciens titres ou les nouveaux, on ne manque pas de graves autorités. Cette divergence fait voir que les auteurs qui ont admis le système de l'autorité des titres ne pouvant s'appuyer, ni sur un texte de loi, ni sur un principe de droit, mais ayant suivi une tradition non logique, manquent à chaque instant de boussole et ne peuvent apporter de moyen sûr pour résoudre les difficultés qui se présentent à chaque pas; tandis que le principe qui fait prévaloir la possession et qui repousse l'autorité des titres non contradictoires, suffit pour tous les cas et s'appuie constamment sur la loi, sur la raison et sur l'équité.

§ VII. *Des titres anciens.*

Nous n'avons parlé jusqu'ici que de l'âge *relatif* des titres, c'est-à-dire du choix à faire entre les titres, s'ils sont discordants, tous relatifs à la propriété d'un même immeuble. Nous avons maintenant à nous occuper de l'âge *absolu*. Les partisans de l'autorité des titres vont encore ici nous présenter une grande divergence. La plupart admettent d'une manière générale qu'en matière de bornage le titre de chaque partie fait foi contre les tiers et doit servir de règle pour établir la contenance de sa

(1) « Les indications de contenance, dit M. Troplong, sont habituellement trop fautives pour qu'on s'y arrête aveuglement, *surtout quand il s'agit de titres rédigés à des époques reculées* et où les mesures n'étaient peut-être pas les mêmes que celles qui plus tard ont dû être mises en vigueur. » (*Prescription*, n° 352).

pièce de terre. D'autres plus circonspects n'admettent cette violation de l'article 1165, qu'autant que les titres sont *anciens*, et suivent le vieil adage *In antiquis enuntiativa probant* (cité ci-dessus, p. 45). Toutefois ces derniers sont loin d'être bien fermes dans leur doctrine.

Parmi les premiers, nous trouvons Pardessus qui s'exprime ainsi : « Entre les titres, l'ancienneté n'est pas une cause de préférence : les changements successifs de propriétaires, les innovations qu'ils se permettent, modifient souvent les divisions précédentes. Un propriétaire de plusieurs pièces d'héritage limitées séparément peut, en vendant, n'avoir voulu aliéner que *telle* contenance et s'être réservé l'excédant ; le contrat de vente est la seule loi des parties qui représentent respectivement le vendeur et l'acquéreur primitifs » (*Serv.*, n° 122). M. Dumay est du même avis : « Il n'y a pas lieu, comme le pensent certaines personnes, de faire prévaloir, pour cause d'ancienneté de date, le titre de l'un des voisins sur l'autre. La préférence n'est accordée à la priorité que quand il s'agit de titres émanant du même auteur, ou s'appliquant aux mêmes fonds, mais non lorsqu'il est question d'héritages distincts. Le titre n'ayant que deux ou trois ans de date, mais appuyé de possession, devra l'emporter sur le titre ayant trente ou quarante ans de date, mais indiquant une contenance supérieure à la jouissance » (Appendice, n° 47, p. 30). Dès que le titre indiquant une contenance supérieure à celle qui est possédée, est sans valeur, l'auteur, s'il est conséquent, devrait reconnaître avec nous qu'il y a lieu de borner suivant la possession, sans se préoccuper des titres, qu'ils soient anciens ou nouveaux.

M. Millet s'exprime ainsi : « L'exigence des titres remontant à plus de trente ans est une hérésie en matière de bornage ; sans doute les anciens titres sont les plus rapprochés de la vérité ; mais ils ne sont pas les seuls qui puissent être admis ; ils ne sont pas exclusifs des moins anciens, même des titres récents » (p. 307).

M. Mongis penche vers les anciens titres : « Entre plusieurs titres, dit-il, l'ancienneté ne peut pas former une raison absolue de préférence. La loi romaine semble même accorder plus de faveur aux nouveaux. Mais cette règle, acceptée sans discussion par les auteurs modernes, ne saurait être appliquée qu'avec une grande réserve. En effet, elle est principalement fondée sur les changements, les innovations sans nombre que les propriétaires successifs font subir à la délimitation des héritages. Il faut donc conclure de là qu'entre deux propriétés, l'une ancienne et demeurée intacte, conformément à ses anciens titres, l'autre morcelée, dénaturée par des mutations nombreuses, la faveur sera due au titre le plus ancien, comme à un témoin fidèle et incorruptible » (V° *Bornage*, n° 52). Comme s'il était plus facile de corrompre un acte d'un an, qu'un acte de cent ans!...

Curasson flotte entre le nouveau et l'ancien, et finit par accorder la préférence au grand âge. « Les titres d'une date récente *prouvent peu, les plus anciens doivent être préférés en thèse générale*. Observons *toutefois* que l'ancienneté n'est pas toujours une cause de préférence : les changements successifs de propriétaires, les innovations qu'apporte la succession des temps, modifient nécessairement les divisions précédentes » (t. II, p. 460). Dans le passage que nous avons déjà cité (p. 37), cet auteur se prononce plus nettement pour l'ancienneté, et voici les motifs qu'il en donne : « La demande en revendication proprement dite ne peut réussir qu'autant que le demandeur justifie de sa propriété par un titre, *causæ idoneæ ad transferendum dominium*, tel qu'une vente, un échange, une donation, ou même un partage, ou même par une possession suffisante pour prescrire. De simples énonciations seraient insuffisantes, quelle que fût l'ancienneté du titre qui les renferme, la maxime *In antiquis enuntiativa probant* ne servant qu'à étayer la possession, à corroborer une preuve, à suppléer à son insuffisance lorsqu'elle n'est pas complète, mais sans pouvoir la remplacer, *antiquitas non inducit, sed corroborat probationem*, dit

Dumoulin. Au contraire, lorsque la propriété de l'héritage n'étant pas contestée, il ne s'agit que d'en reconnaître les limites, alors on doit se contenter de preuves qui ne seraient pas suffisantes en matière de revendication. S'il y a de l'incertitude pour les confins des héritages, ils se règlent, dit Domat, par les titres, s'il y en a qui marquent le lieu des bornes ou l'étendue que les héritages doivent avoir, par d'anciennes marques, par d'anciens aveux ou autres preuves semblables. C'est ici principalement que la maxime *in antiquis* reçoit son application. » (T. II, p. 439.) Nous avons fait voir (p. 38) combien est arbitraire et dénuée de fondement cette distinction entre les genres de preuves exigibles ou admissibles en cas de revendication et en cas de bornage.

L'ancienneté des titres est souvent invoquée par les partisans de l'autorité des titres; mais il n'y en a pas un qui ait formulé à cet égard de doctrine nette et arrêtée, pas un qui ait déclaré qu'en matière de bornage les titres ne sont opposables aux tiers qu'autant qu'ils sont anciens, et que les titres ne jouissant pas de cette qualité sont sans autorité et doivent être rejetés de la cause; pas un qui ait posé une règle constante et uniforme; tous veulent qu'on fasse usage des titres, mais sans oser déterminer à quelles conditions; tous restent dans un vague qui accuse l'embarras où doit nécessairement les jeter l'absence de principes et la nécessité, qu'ils cherchent en vain à éluder, de violer continuellement une loi formelle.

On conçoit donc qu'à la rigueur nous pourrions nous dispenser de réfuter des prétentions aussi insaisissables sur la valeur que donne l'ancienneté. Cependant, comme l'adage latin que nous avons cité est fréquemment invoqué sur ce sujet, nous croyons utile de le discuter.

Il y a des adages qui expriment avec une concision énergique des vérités admises de tout temps et incontestées : on les a conservés avec une sorte de respect, et on les cite au besoin comme autorité décisive. Mais défions-nous de certains *brocarts de droit* dont le seul mérite est d'être formulés en latin et de venir de loin, et qui, malgré une certaine prétention à la profondeur, ne contiennent que des doctrines contestables ou évidemment erronées : traduisez ces sentences en langage vulgaire, et il n'en faudra pas davantage pour leur faire perdre leur prestige. C'est ce qui a lieu pour la maxime *In antiquis*, etc. « Dans les anciens écrits, les paroles énonciatives prouvent pleinement, même contre les étrangers et au préjudice des tiers, quand même elles seraient proférées incidemment et pour autre chose. » — Il est certain qu'après avoir entendu cet aphorisme, l'esprit n'en saisit pas la justesse, et qu'on ne s'empresse pas d'y donner son adhésion, comme quand il s'agit de ces vérités frappantes qui n'ont été généralement acceptées que parce qu'elles sont conformes aux principes de l'éternelle justice.

L'adage en question suppose implicitement que dans les titres qui ne sont pas anciens, les énonciations ne font pas foi contre les tiers, et que les règles contenues dans l'article 1165 du Code Napoléon conservent toute leur force. Recherchons comment l'ancienneté peut donner aux titres une autorité qu'ils n'avaient pas d'abord.

Un tiers insère dans des actes auxquels je ne figure pas, des énonciations qui me concernent : il déclare, par exemple, que je lui dois 1,000 francs, il déclare que la cour de ma maison dépend de sa propriété, ou que mon jardin est grevé d'un droit de passage au profit de son immeuble, etc. Tout cela m'est étranger et ne peut m'être opposé ; nulle difficulté à cet égard. Au bout d'un temps suffisant pour que ces actes soient réputés *anciens*, on vient me les opposer : auront-ils, à mon égard, plus de force qu'ils n'en avaient dans l'origine? Évidemment, non ; la question sera exactement la même que le premier jour. Ces actes me sont aussi complètement étrangers, le temps ne leur a ajouté aucune force et n'a pu suppléer à leur insuffisance radicale. Il serait absurde et inique que je fusse lié par des conventions auxquelles je n'ai pas participé, qu'on pût agir contre moi en vertu d'arrangements qu'il a plu à des tiers de faire en dehors de moi. Les transmissions qui auraient pu se faire des prétentions contenues dans ces actes, ne leur donneraient pas plus de valeur; et quand même le dernier acquéreur se présenterait avec une myriade de titres conformes, il n'aurait pas plus de droits que n'en avait l'auteur primitif des prétentions.

Il n'en est pas ici comme pour la possession. Si le propriétaire légitime d'un immeuble cesse de le posséder, et qu'une autre personne le possède, même de mauvaise foi, pendant un temps suffisamment long, elle finit par acquérir la propriété. C'est que l'ancien propriétaire, en souffrant pendant trente ans cette usurpation sans se plaindre, est présumé y avoir donné son adhésion ou doit être puni de son incurie; il ne tenait qu'à lui de réclamer en temps utile contre un état de choses qu'il n'a pu ignorer. — Mais si quelqu'un s'avise d'insérer dans un acte où je ne figure pas, des stipulations qui me concernent, je ne puis protester, puisque je n'en ai pas connaissance; et quand même je les connaîtrais, je ne suis pas obligé de combattre des prétentions que je sais être sans valeur à mon égard, tant qu'on n'en fait pas usage contre moi. Mon voisin, par exemple, se dit mon créancier dans un acte passé en dehors de moi : mais il ne me poursuit pas; il n'exerce pas ses droits prétendus; je n'ai pas à m'inquiéter de ses prétentions. Il ne possède rien à mon préjudice, il ne me cause aucun dommage : je reste tranquille tant que je ne suis ni attaqué ni même menacé. Le temps, si long qu'il soit, n'apporte aucun changement à cette position; l'énonciation contenue dans l'acte étranger n'acquiert donc aucune force.

L'adage dont il s'agit n'a donc rien de rationnel. Que reste-t-il en sa faveur? L'autorité de Dumoulin... Certes, c'est un grand jurisconsulte, qui par sa science et ses services rendus à la société, mérite la reconnaissance de la postérité; mais on n'est pas tenu d'adopter sans examen toutes ses décisions; et sur la question actuelle, il nous suffirait, pour écarter l'autorité de Dumoulin, d'opposer cet auteur à lui-même. En effet, nous avons déjà cité de lui l'adage *Non potest antiquitas inducere in totam probationem quæ nulla est, sed ad eam demùm quæ aliqua est adjuvare* (sur l'art. 8 de la coutume de Paris, n° 86), (l'ancienneté ne peut tenir lieu de preuve; quand il n'y en a aucune, elle peut seulement fortifier celle qui existe). C'est encore Dumoulin qui a dit : *Res inter alios acta nemini nec prodest, nec nocet, nec facit jus* (Une chose passée entre étrangers ne peut nuire, ni profiter aux tiers, ni faire droit). Ainsi les décisions de Dumoulin s'entre-détruisent. — D'ailleurs, la maxime *In antiquis* n'a jamais été entendue que de l'énonciation d'un droit *soutenu d'une longue possession*. C'est ce qu'attestent Pothier, qui écrivait sous le régime de l'ancien droit (*Obligations*, n° 738), et Toullier, qui possédait à fond l'ancienne jurisprudence (t. VIII, n° 161). C'est ce que reconnaissent Teste (*Encyclopédie du droit*, V° *Actes anciens*, n° 8), et Curasson lui-même dans le passage que nous venons de citer; si donc la maxime *In antiquis* ne sert, comme le dit ce dernier, *qu'à étayer la possession*, elle sera inapplicable au cas de bornage, c'est-à-dire au cas où un propriétaire réclame une certaine étendue de terrain qu'il ne possède pas, en se fondant sur ce que son titre lui attribue plus de terrain qu'il n'en possède. — Enfin le Code Napoléon ayant réglé tout ce qui concerne la preuve judiciaire, et ayant abrogé toutes les anciennes lois et coutumes qui régissaient cette matière, il s'ensuit que quand d'anciens principes de jurisprudence, même ayant été autrefois universellement reçus, sont en opposition formelle avec la loi nouvelle, il n'est plus permis de les invoquer. Or, l'article 1165 ne peut laisser aucun doute à cet égard : en décidant que les conventions n'ont d'effet qu'entre les parties contractantes, sans distinguer entre les actes nouveaux et les anciens, ce texte a définitivement et souverainement réglé ce point de droit, et ne peut laisser subsister des maximes inconciliables avec ce principe. Ainsi il a été jugé par la Cour de Bordeaux, le 28 juin 1839, que celui qui prétend avoir un droit de puisage, ne peut invoquer comme titre en sa faveur un acte de partage, quelqu'ancien qu'il puisse être, émané de ses auteurs, et contenant l'énonciation de ce droit, alors que cet acte est complètement étranger au propriétaire du puits (Nauze c. Duclaud, *Pal.*, 1839, t. II, p. 566) ; et pourtant, dans l'espèce, le demandeur invoquait une longue possession qu'il prétendait étayer de l'énonciation contenue dans un acte ancien, et ç'aurait été le cas d'appliquer la maxime *In antiquis*, si elle eût encore été en vigueur. De même, la Cour de Metz a rendu le 6 mai 1825, entre les communes de Chazelot et de Rougemont, un arrêt ainsi conçu : « Attendu que, sans examiner si la maxime *In antiquis* ne s'applique qu'à la forme des actes, ou si elle renferme la capacité des parties contractantes, il est certain qu'elle n'a lieu *que lorsque l'acte ancien est soutenu par la possession.* » Le pourvoi contre cet arrêt a été rejeté par la Chambre des requêtes de la Cour de cassation, le 25 novembre 1828. (*Pal.*, t. XII, 1828-1829, p. 381.)

La Cour de Metz faisait trop d'honneur à la maxime, en la discutant comme elle aurait fait d'une loi dont la stricte observation est obligatoire. Il ne faut voir là que le respect pour les vieux us. Un jugement ne pourrait être cassé pour avoir suivi le Code Napoléon et méconnu Dumoulin : il devrait l'être s'il mettait Dumoulin au-dessus du Code.

Ainsi, en résumé, la maxime *In antiquis* qui, même dans l'ancien régime, n'était reçue qu'autant que l'énonciation servait à étayer une longue possession, est abrogée par le droit nouveau ; elle est réprouvée par la raison et l'équité ; elle n'est plus maintenant qu'un déplorable anachronisme, et il est bien temps de mettre enfin au rebut cette vieillerie que certains hommes de loi répètent encore comme des perroquets et qui n'a jamais mérité le crédit dont elle a joui.

Le bornage est peut-être la seule matière où l'on s'obstine à l'invoquer. Pourquoi cette préférence? Si la maxime était vraie, on ne craindrait pas de l'appliquer aux autres matières. Si elle est fausse comme règle générale, pourquoi serait-elle vraie dans la question particulière du bornage? S'il est bien entendu que je ne puis souffrir de l'énonciation faite par mon voisin, dans l'acte de vente de son champ, de la contenance de ce champ, si cette énonciation faite sans ma participation ne peut m'être opposée, pourquoi acquerrait-elle par le temps une force qu'elle n'avait pas dans l'origine? Cette énonciation qui m'est étrangère et que je n'ai pas été à même de contredire, qui m'est même restée inconnue pendant une longue suite d'années, comment pourrait-elle tout-à-coup changer de nature et avoir à mon égard le même effet que si j'y avais concouru?... Évidemment, les principes généraux doivent s'appliquer au bornage; les motifs sont les mêmes, et rien ne justifie l'exception que veulent faire certains auteurs.

Pour qu'une règle de droit mérite ce nom, il faut qu'elle soit claire et précise. Or la maxime dont il s'agit est d'une élasticité effrayante. Que doit-on entendre par *ancien?* C'est un de ces mots qui, comme les adjectifs *grand*, *petit*, ne comportent que des idées relatives. L'adage ne nous dit pas à quelles conditions un titre doit être réputé ancien. Faut-il qu'il soit poudreux, enfumé, écrit sur parchemin, en caractères gothiques? Faut-il qu'il ait un certain âge? Et alors quel est cet âge? Chaque fois que la loi fait dépendre du temps l'exercice ou la péremption de certains droits, le laps de temps est fixé d'une manière précise. Ici rien de semblable; tout est laissé à l'arbitraire. Mais les intérêts de la propriété ne peuvent dépendre ainsi du caprice. Ce qui semble ancien à l'un, sera jugé nouveau par un autre; celui-ci se contentera de dix, de vingt, de trente ans, un autre exigera un siècle. Il sera donc impossible aux parties de savoir sur quoi compter : nul ne saura au juste si ses titres sont, ou non, de nature à faire foi contre les tiers quant aux contenances y indiquées! Autrefois on était très-divisé sur le laps de temps exigé : Dumoulin rend compte des diverses opinions soutenues de son temps (1), et dit que,

(1) Dumoulin, *Commentaire* sur l'article 5 de l'ancienne Coutume de Paris, article 8 de la nouvelle, nos 81 à 83; Toullier, t. VIII, no 167.

suivant le sentiment le plus commun, il ne fallait pas moins de cent ans, tandis que d'autres se contentaient de cinquante, et enfin d'autres de quarante. Les législateurs modernes, en remplaçant par un Code admirable toutes les coutumes écrites ou orales, ont voulu précisément mettre un terme à de pareilles incertitudes ; ils ont voulu que chacun pût facilement connaître ses droits et ses devoirs.

Quelques personnes ont proposé qu'un titre fût tenu pour ancien après trente ans, et elles en ont donné pour raison, que c'était le plus long délai qui se trouvât dans nos lois, et qu'il y avait analogie avec l'article 1335 du Code Napoléon, d'après lequel les copies de titres sont réputées anciennes, quand elles ont trente ans. (1)

Ces raisons n'ont rien de solide, rien qui puisse effacer l'arbitraire de la règle proposée. Il n'y a aucune analogie entre les cas cités et celui dont il s'agit. La prescription, comme nous l'avons fait remarquer, est fondée sur la présomption d'abandon de ses droits, de la part de celui qui laisse écouler un temps considérable sans les exercer ; et l'on ne peut alléguer rien de semblable à l'égard du tiers étranger aux actes dans lesquels on a inséré à son insu des stipulations propres à lui nuire. — Il n'est pas exact de dire que le terme de trente ans soit le plus long qui se trouve dans la loi : car l'article 129 du Code Napoléon fixe en certains cas un intervalle de cent ans pour l'envoi en possession définitif des biens d'un absent. — L'article 1335 règle les cas où des copies autres que les grosses peuvent, s'il y a perte de l'original, y suppléer, et décide qu'elles feront foi si elles ont au moins trente ans. Il s'agit là de copies certifiées par un fonctionnaire public, sur la minute dont il était dépositaire, copies qui dès l'origine étaient authentiques : malgré cette authenticité, la représentation de l'original peut toujours être exigée ; mais si l'original est perdu, il fallait bien régler quelles sortes de copies pouvaient en tenir lieu. En

(1) *Journal des Géomètres*, 1857, p. 141 et 142.

donnant dans ce cas aux copies la même autorité qu'à l'original, on a fait la part de la nécessité des circonstances, mais on n'a pas changé la nature des copies qui n'ont pas cessé de faire foi. Il n'y a rien de semblable entre cette décision et le système d'après lequel des actes, sans force à l'égard des tiers aux termes de l'article 1165, seraient, au bout d'un certain temps, transformés en titres contradictoires.

Enfin le système qui fait prédominer l'ancienneté, aurait cette conséquence étrange que si, dans un procès de bornage, mon adversaire produit des titres ayant l'âge requis pour être anciens, et que je n'aie que des titres fort réguliers du reste, mais d'un âge inférieur au taux exigé, les premiers seulement seraient admis, les derniers seraient écartés, et je serais considéré comme n'ayant pas de titre; ce qui obligerait, comme nous l'avons vu, ou à accorder à mon adversaire la totalité de la contenance portée dans son titre ancien, quand même il devrait absorber toute ma pièce de terre, ou à fixer l'étendue de mon champ d'après le cadastre à l'exclusion de mes titres. Le premier parti n'est pas soutenable, et le second fait une brèche terrible au système de l'autorité des titres. Voilà du moins ce que veut la logique. Mais personne n'accepte une telle conclusion; les partisans de l'ancienneté sont toujours prêts à renier leur culte, pour peu qu'il offre d'embarras; ils mettent l'ancienneté en avant pour colorer, grâce au latin de Dumoulin, la violation de la loi et des principes; mais, au fond, ils ne savent pas eux-mêmes ce qu'ils croient, et pourvu qu'ils fassent prédominer les titres sur la possession, tous les expédients leur sont bons.

CHAPITRE VIII.

D'UN SYSTÈME AMBIGU.

§ Ier. *De l'emploi en matière de bornage, de documents autres que les titres.*

Supposons que le pouvoir législatif, voulant faire cesser les incertitudes de la jurisprudence sur la question qui nous occupe, entreprenne de donner une règle fixe : il y aurait alors à choisir entre notre doctrine d'après laquelle on doit borner suivant la possession, sauf la réparation des usurpations pour le cas où quelqu'une des parties est en état de prouver qu'il en a été commis ; et la doctrine contraire d'après laquelle les titres font loi. Si le législateur adoptait la première solution, comment s'y prendrait-il pour la formuler? S'il décide que les conventions n'ont d'effet qu'entre les parties contractantes, sans pouvoir nuire ni profiter aux tiers, et que par conséquent les titres non contradictoires ne pourront être invoqués en matière de bornage, ce ne sera qu'une reproduction de l'article 1165, et l'on ne peut admettre qu'une loi ne fasse que répéter une loi précédente ; la loi ancienne est toujours en vigueur tant qu'elle n'a pas été abrogée ; et personne n'oserait dire que l'art. 1165 soit tombé en désuétude, et qu'il faille une nouvelle loi pour le faire revivre.

Si l'on adopte la solution contraire, en quels termes le fera-t-on? Abolira-t-on l'article 1165? ou déclarera-t-on que cet article n'est pas applicable au bornage, que les titres de chaque partie feront pleinement foi contre l'autre, tout comme si celle-ci y avait concouru? N'accordera-t-on ce privilège insigne qu'aux titres ayant une ancienneté déterminée?

Pour nous, il ne nous est pas difficile de répondre à ces questions. C'est la première solution qui doit être adoptée : il n'y a pas besoin d'une loi qui ne serait qu'une superfétation ; il suffit d'appliquer celle qui existe et à laquelle la jurisprudence doit se conformer. Quant aux partisans de la seconde solution, ils seraient certainement fort embarrassés s'ils étaient obligés de répondre catégoriquement aux questions ci-dessus posées. Aucun ne demanderait l'abrogation de l'article 1165 : et même s'il s'agissait de l'abroger seulement en matière de bornage, de décider que tout titre fait foi de sa contenance contre les tiers, nous doutons qu'il s'en trouve beaucoup qui osent prononcer affirmativement. On ne nie pas ouvertement l'art. 1165, on l'élude; on n'a pas de principe arrêté, on invoque des règles qu'on se réserve de suivre ou de délaisser: ce système est un protée insaisissable; et cette absence de principe fixe conduit à l'omnipotence du juge de fait.

En effet les auteurs partisans des titres déclarent, il est vrai, que ce sont les titres qui doivent faire loi; mais la plupart font subir à cette maxime une foule de modifications et de restrictions, et ils n'entendent pas que les titres soient seuls suivis, ni qu'on doive toujours se conformer à leurs énonciations; ils autorisent concurremment l'emploi d'une foule de documents.

« Il n'est pas interdit aux juges, dit Rolland de Villargues, d'employer pour lever l'incertitude et reconnaître les véritables droits des parties, d'anciens procès-verbaux d'arpentage, des cadastres, des plans non suspects, à défaut de renseignements plus exacts. » (V° *Bornage*, n° 72.) — « Les experts, pour la confection de leur procès-verbal, et le juge, pour sa décision, doivent interroger les titres, la possession, les anciennes traces de délimitation, les livres d'arpentage, le cadastre, les plans non suspects, tous les documents enfin, que les parties ont pu leur remettre, et qui sont de nature à les éclairer. » (Demolombe, *Servitudes*, n° 272.) — « Pour éclairer la possession, le magistrat peut et doit même se reporter aux cadastres, livre d'arpentage communal, anciens plans, papiers-terriers, etc., ou consulter les alignements indiqués par les arbres, les plantes, les chemins, sentiers, fossés, ravins, cours d'eau, etc. » (*Rep. du Journ. du Pal.* V° *Bornage*, n° 147.) — « En cas de doute sur les contenances, on peut recourir au livre d'arpentage de la commune, s'il est régulier, à d'anciens terriers et autres documents semblables. Le cadastre peut également servir de base, étant censé avoir été opéré à la participation de tous les propriétaires du territoire. Dans une demande en revendication, ces actes ne pourraient pas être considérés comme preuves suffisantes; mais, en matière de bornage, elles doivent être d'un grand poids, attendu qu'il s'agit, non d'établir la propriété des fonds, mais d'en rechercher les limites et d'en fixer la contenance, sur la demande des parties. » (Curasson, t. II. p. 462.) — « Il n'est pas interdit aux juges d'employer pour lever l'incertitude et reconnaître les véritables droits des parties, d'anciens procès-verbaux d'arpentage, des cadastres, des plans non suspects, à défaut de renseignements plus exacts. » (Pardessus, nº 127.) — « Indépendamment des titres, et lorsqu'ils présentent de l'obscurité, les juges peuvent consulter avec fruit les cadastres, les anciens plans et les livres terriers de la commune où sont situés les héritages. » (Dalloz, Vº *Bornage*, nº 48.) — « Lorsqu'il y a incertitude, et en l'absence de tous renseignements exacts, les experts peuvent s'aider d'anciens procès-verbaux d'arpentage, des cadastres, des plans non suspects et non critiqués. Dans ce cas, et sauf l'exception de prescription de la part de celui qui jouit de la plus forte portion, on peut, suivant les circonstances, obliger celui-ci à faire à ceux qui ont des portions plus petites, leur mesure entière, telle que leurs titres la leur donnent. » (Perrin, nºˢ 905, 906.)

D'après M. Dumay, « il est assez généralement admis que trois déclarations conformes, consécutivement fournies par des fermiers, des terres qu'ils ont cultivées, équivalent à un titre, en ce qui concerne les opérations du bornage. » (App. nº 31, p. 8.)

Dans ce système, le juge peut fixer les contenances d'après les titres; il peut aussi parmi les titres établir des classes à son gré, prendre les uns, rejeter les autres; il peut préférer les titres au cadastre ou les cadastres aux titres; il peut prendre pour guides, soit des arpentages, soit des documents quelconques, même les déclarations des fermiers ; il n'est assujetti à aucune règle, il est souverain.... Et qu'on n'oublie pas qu'il s'agit d'intérêts fort graves, que ce qui est en question, c'est la propriété de portions de terrain parfois considérables... Fort de ma possession, je demande à être maintenu : mon voisin soutient que la limite de nos champs a pu être changée à une époque quelconque, et doit être rétablie telle qu'elle était; il n'articule aucun fait, il ne précise rien; et, sans que sa réclamation soit appuyée d'aucune preuve, le juge va rechercher dans le passé la contenance des champs à borner. Y a-t-il au moins une époque normale, où toutes les pièces de terre avaient exactement la contenance qu'elles doivent avoir, de sorte qu'on n'ait plus qu'à revenir à ce type fondamental et immuable de perfection? Non; bien que, de l'aveu de tout le monde, les contenances aient nécessairement varié dans la suite des siècles, on recourra à des documents de toutes les époques, on appliquera telle espèce de documents à l'un des champs, telle autre espèce de documents entièrement différents au champ voisin; on acceptera comme faisant autorité les titres que la partie elle-même s'est fait faire ou a faits elle-même, et jusqu'aux déclarations que le fermier, instrument docile, fournit à son bailleur que, dans beaucoup de localités, il appelle encore son *maître;* quand une partie se sera ainsi fait attribuer une certaine contenance, on s'inclinera devant un tel document qui évidemment ne peut être suspect de partialité ni d'exagération, mais doit être tenu pour l'expression de la vérité même! On compulsera des notes informes, des arpentages faits par des hommes sans mission et sans le concours des parties intéressées; au milieu de ce fouillis de renseignements incohérents et discordants, le juge choisira comme bon lui semblera. On reconnaît que tout cela ne suffit pas pour former une preuve régulière, que tout cela serait insuffisant en matière de revendication : n'importe, ces éléments dont aucun n'est probant, serviront de base à une décision qui dépouillera un propriétaire d'une partie de ce qu'il possède, et cela sans qu'il soit prouvé qu'il ait agrandi son champ par des usurpations, sans même qu'il y ait à cet égard de présomption sérieuse. Le juge auquel on confère un pouvoir aussi exorbitant, ne peut que choisir au hasard : à part le cas exceptionnel où des circonstances particulières autorisent à croire que des titres ont été frauduleusement fabriqués pour le besoin de la cause, les divers documents dont il s'agit ne portent pas de signes qui puissent faire apprécier s'ils sont exacts ou inexacts; par exemple, pour une même pièce de terre, le titre indiquera 50 ares, le cadastre 47 ares 53 centiares, un arpentage 52 ares, la déclaration du fermier 60 ares; tous ces documents sont peut-être fautifs; peut-être aussi, s'ils datent d'époques un peu éloignées les unes des autres, ont-ils exprimé à peu près des contenances qui jadis ont été exactes. On veut que le juge choisisse entre ces témoignages contradictoires, quand même aucun flambeau ne peut le guider au milieu de ce labyrinthe.... Autant tirer à la courte-paille!

Un juge ne peut prononcer qu'en se conformant aux règles tracées par la loi; il ne peut même statuer sur un point de fait qu'en motivant sa décision, qu'en expliquant comment sa conviction s'est formée; mais quand, en vertu du système en question, il enlève à un propriétaire une partie de ce qu'il possède, peut-il affirmer avec certitude que cette portion qu'il le condamne à délaisser, ne lui appartenait pas légitimement, et qu'elle ait fait précédemment partie du champ voisin? Est-il bien sûr qu'il y ait eu usurpation, et que la portion qu'il fait restituer forme exactement ce qui avait été usurpé?... Non, il ne peut être sûr de rien, il n'a aucune garantie de l'exactitude des documents qu'il emploie, aucune preuve que l'état de choses qu'il veut rétablir ait jamais existé. N'est-il donc pas désastreux de maintenir un système illogique, au moyen duquel on peut sans cesse troubler les possessions les plus légitimement acquises et bouleverser les héritages?...

La loi n'a pas permis que le juge pût à son gré choisir ses

genres de preuves : elle a réglé dans quels cas on peut recourir à la preuve testimoniale, dans quels autres la preuve littérale doit être exclusivement employée, elle a déterminé le degré de force de chaque espèce de titres, prévu dans quels cas et contre qui ils peuvent être invoqués; on ne peut donc, sans méconnaître l'autorité de la loi, attribuer au juge le pouvoir illimité de consulter tous les documents qui lui conviennent, de choisir sans règle, de donner à certains actes une force probante que la loi leur refuse.

§ II. *Des présomptions.*

Quelques hommes de loi, tout en avouant que les titres non contradictoires ne suffisent pas pour prouver la réalité des contenances y indiquées, ont mis en avant le système des présomptions. « Quand il s'agit, disent-ils, de décider si une usurpation a eu lieu, le fait est de la nature de ceux qui peuvent être prouvés par témoins. Or, en pareil cas, la loi autorise à prononcer d'après des présomptions qui sont abandonnées aux lumières et à la prudence du magistrat (art. 1353 du Code Napoléon) : le juge peut donc trouver, soit dans les titres non contradictoires, soit dans les divers documents écrits, tels que anciens plans, cadastre, etc., des présomptions suffisantes pour reconnaître les anciennes contenances des terrains qu'il s'agit de borner. »

L'article précité, remarquons-le bien, n'autorise pas à prononcer sur de vagues conjectures, sur de faibles indices : le magistrat, est-il dit, ne doit admettre que des présomptions *graves, précises et concordantes.* Voici comment un jurisconsulte estimé définit les caractères que doivent réunir ces présomptions: « Elles doivent être *graves,* c'est-à-dire susceptibles de faire impression sur une personne raisonnable. *Précises,* c'est-à-dire qu'elles ne soient pas du nombre de ces présomptions vagues dont on peut tirer toutes les inductions qu'on voudra; il faut qu'elles aient un trait direct à l'objet qu'on veut prouver. *Con-*

cordantes, c'est-à-dire que les unes ne détruisent pas l'effet des autres. » (Delvincourt, *Cours de Code civil*, t. II, p. 627, note 9.)

Voyons si ces conditions sont remplies par les divers documents dont il s'agit.

Les principaux sont les titres d'acquisition. Or il résulte des discussions auxquelles nous nous sommes livré plus haut, qu'un titre de vente ne fait nullement présumer l'exactitude de l'énonciation de contenance qui s'y trouve. Il est certain qu'actuellement, lors des innombrables transmissions d'immeubles qui ont lieu journellement, les parties ne font jamais vérifier la contenance, et que l'énonciation qu'elles insèrent à ce sujet est un document sans valeur. Or rien ne prouve que dans les temps anciens, il en ait été autrement, que par exemple chaque vente ait été précédée d'un arpentage régulier. Ni les actes anciens, ni les renseignements nombreux qu'on possède sur l'histoire du notariat, n'autorisent à croire qu'il ait été pris de pareilles précautions, si ce n'est dans quelques cas exceptionnels et fort rares, et alors il en était fait mention expresse. Donc, en général, les énonciations de contenance ont une origine inconnue et qui, selon toute vraisemblance, n'est autre que la mesure renommée, et l'on ne peut dire qu'il y ait présomption *grave* et *précise*, qu'à l'époque où ces actes ont été passés, les pièces de terre avaient exactement, rigoureusement la contenance y indiquée : il n'y a pas de raison pour regarder le fait comme probable ; bien plus, tout porte à croire que ces énonciations n'ont jamais été que de grossières approximations.

L'admission de cette présomption est même interdite par la loi : l'article 1165 déclarant que les conventions n'ont d'effet qu'entre les parties contractantes, et ne peuvent nuire ni profiter aux tiers, ne permet de tirer d'un titre non contradictoire ni preuve ni commencement de preuve.

Les baux, les déclarations de fermiers ont encore moins de valeur. Il est évident que personne ne peut être admis à se faire un titre à soi-même, pas plus qu'on ne peut être témoin dans sa propre cause : un propriétaire qui veut s'attribuer une contenance supérieure à celle qui lui appartient, peut tout à son aise insérer dans ses baux tout ce qu'il lui plaît, dans le but de favoriser ses prétentions, ou exiger de son fermier qui dépend de lui, des déclarations conformes à ses vues; aucun homme raisonnable ne peut tirer de pareils actes la présomption *grave* et *précise* que le propriétaire ait réellement possédé la totalité de la contenance y indiquée.

Le cadastre, comme nous l'avons reconnu, est un document beaucoup plus sérieux, et il en est de même des anciens plans dressés par ordre de l'autorité publique. Mais, en supposant que l'un ou l'autre de ces documents soit admis comme fournissant une présomption grave et précise, ce ne sera pas suffisant; car, ne l'oublions pas, la loi veut des présomptions *concordantes.* « Le magistrat, dit Toullier, manque à son devoir s'il se détermine sur une seule présomption. Le concours de plusieurs est nécessaire pour donner de la consistance à son jugement. Une seule présomption trompe le plus souvent. C'est un hasard si elle se trouve conforme à la vérité... C'est donc avec sagesse que le Code impose aux magistrats l'obligation de ne prononcer que d'après le concours de plusieurs présomptions. C'est le seul moyen d'empêcher ces jugements justement appelés *téméraires,* de s'introduire jusque dans le temple de la justice et d'arrêter les esprits décisifs, toujours enclins à prononcer sur de simples soupçons. » (T. X, nos 21, 22.)

Où trouvera-t-on des présomptions concordantes sur le fait d'une possession déterminée et contraire à la possession actuelle? Les divers documents invoqués, anciens plans, cadastre, titres, etc., ne sont *jamais* d'accord ; ils ne peuvent donc former le faisceau exigé par la loi. On ne peut arguer de la concordance (quand elle a lieu) entre les divers titres concernant une même pièce de terre : car, indépendamment de ce qu'aucun d'eux ne fournit même de présomption grave, il est évident que les titres ne font que se répéter; la reproduction, dans les actes successifs, de l'énonciation de contenance insérée dans le premier, a eu pour but d'établir la filiation de la propriété et l'identité de l'immeuble transmis, sans qu'on puisse en conclure que la contenance ait été invariablement la même à chaque mutation (le contraire est même extrêmement probable). Ces répétitions, si multipliées qu'elles soient, d'un même renseignement, ne peuvent en augmenter la force, ni lui donner l'autorité qui lui manque, ni rendre plus probable le fait qu'il s'agit d'établir. Ce que veut la loi en exigeant des présomptions concordantes, ce sont des indices provenant de diverses origines, et dont l'accord exact multiplie les probabilités du fait qu'un seul indice serait insuffisant à prouver. On ne peut donc, des titres même concordants, tirer qu'une présomption unique et par conséquent insuffisante.

CHAPITRE IX.

CONTRE QUI LE BORNAGE PEUT ÊTRE DEMANDÉ. — DU BORNAGE ÉTENDU AUX ARRIÈRE-VOISINS.

L'article 646 dit que tout propriétaire peut forcer son voisin au bornage de leurs propriétés contiguës. Quand les propriétés sont voisines sans être contiguës, il n'y a pas lieu à bornage : ainsi tous les auteurs reconnaissent que si deux propriétés sont séparées, soit par la propriété d'un tiers, soit par un chemin, une rivière, ou tout autre objet dépendant du domaine public, la condition de contiguïté manque, et le bornage ne peut être demandé. (1)

Un propriétaire peut demander le bornage, soit à tous les

(1) Pardessus, *Servitudes*, n° 118.

propriétaires des pièces de terre limitrophes de la sienne, soit à l'un d'eux seulement.

Examinons ce qui aura lieu dans ces deux cas, et quelles seront les conséquences du système de l'autorité des titres.

Un propriétaire s'adresse à un seul de ses voisins : les titres sont produits, les champs sont arpentés, et les contenances ne se trouvent pas d'accord avec les titres. Le demandeur se trouve en déficit ; il y a au contraire excédant dans le champ du défendeur; le demandeur prétend combler son déficit au moyen de l'excédant du voisin. — Ce dernier répond qu'il possède légitimement au-delà de son titre dont personne d'ailleurs n'a droit de se prévaloir contre lui. « Quant à votre déficit, peut-il dire au demandeur, je n'ai point à m'en occuper. Si quelqu'un vous a pris du terrain, cherchez le coupable, c'est votre affaire. Mais pourquoi vous adressez-vous précisément à moi plutôt qu'à tel ou tel autre de vos voisins? Vous êtes entouré d'un certain nombre de champs. Chacun de vos voisins a pu s'agrandir à vos dépens. Vous n'avez, à cet égard, que des soupçons, puisque vous n'articulez aucun fait. Est-il juste que parmi vos voisins vous en choisissiez un à votre gré pour le rendre responsable de votre déficit?... »

En supposant même que la différence en moins entre la contenance indiquée au titre, et celle que constate l'arpentage, autorisât le demandeur à se poser comme créancier du déficit, il ne s'ensuivrait pas qu'il pût actionner celui de ses voisins qu'il lui plairait de choisir, et il ne pourrait arguer contre le défendeur de ce que celui-ci a un excédant de mesure, puisque, comme nous l'avons prouvé, on peut être légitimement propriétaire d'une contenance supérieure à celle que porte son titre; et il n'est pas un de nos adversaires qui ne soit obligé de le reconnaître.

Très-souvent l'action en bornage n'a lieu qu'entre deux parties, et l'on répartit les contenances suivant les titres, malgré les considérations qui, au moins pour ce cas particulier, devraient faire écarter ce système. Il peut résulter de là diverses conséquences fort injustes.

Voici, entre autres, un abus que signale M. Magnin (1), et qui, suivant ce magistrat, se commet assez fréquemment. Un propriétaire de mauvaise foi envahit une certaine quantité de terrain sur un de ses voisins, puis il s'en fait prendre du côté opposé par son autre voisin avec lequel il s'entend. Il appelle ensuite en bornage le propriétaire sur lequel il a empiété, il prouve qu'il ne possède pas plus de terrain que son titre ne lui en attribue, et il se fait maintenir dans sa possession. « Quand il est définitivement limité de ce côté-là, il recouvre ou il partage avec le voisin qui lui a servi de complice, le produit de l'usurpation. » — Cette fraude ne pourrait avoir lieu si, sans s'arrêter au titre, on s'attachait à prouver le fait matériel de l'usurpation, surtout si le propriétaire qui en a été victime en faisait immédiatement l'objet d'une poursuite et agissait au possessoire.

Supposons que mon titre m'attribue un hectare, et que, par suite de l'usurpation commise par un de mes auteurs au préjudice de mon voisin du côté du levant, la contenance de mon champ qui autrefois était d'accord avec le titre, se trouve accrue et s'élève à deux hectares. Mon voisin du côté du couchant demande le bornage; on produit les titres, on arpente; le demandeur se trouve en déficit d'un hectare, ce qui forme précisément mon excédant. On en conclut que l'hectare que je possède en plus, ne peut provenir que d'anticipations commises par moi ou par mes auteurs au préjudice du demandeur, et l'on me condamne à lui restituer cette quantité de terrain; naturellement c'est du côté du couchant que se fait la reprise. Ensuite mon voisin du côté du levant m'actionne à son tour, et prouve que

(1) *Le Correspondant des Juges de paix*, 1857, p. 7. — M. Dumay (App. n° 51, p. 36) signale également cette fraude dont il trouve le correctif dans le bornage général de champtier, procédure dont nous parlerons tout-à-l'heure.

mon auteur lui a enlevé un hectare et se le fait restituer ; de sorte qu'il ne me reste plus rien...

Quand un propriétaire met en cause tous ses voisins, s'il se trouve un déficit sur sa pièce de terre, il prétend (et cette fois du moins avec plus de vraisemblance que dans le cas d'action contre un seul voisin) que le déficit ne peut provenir que d'anticipations commises par un ou plusieurs de ses voisins. Mais lesquels? A défaut de preuve positive, on ne peut en condamner aucun. Faire peser sur tous la responsabilité, ce serait s'exposer à faire pâtir l'innocent pour le coupable. On ne peut davantage s'adresser de préférence à ceux qui possèdent au-delà de leur titre, cette circonstance ne suffisant pas pour prouver qu'ils aient usurpé. Il peut même se faire que l'auteur réel de l'usurpation (si toutefois il en a été commis) soit un voisin qui, éprouvant un déficit, l'aurait comblé en envahissant le champ du demandeur, et se serait ainsi refait une contenance conforme à son titre. Donc, quand même il serait admis que le demandeur a droit à une restitution, les titres seuls ne peuvent servir à décider lequel de ses voisins en sera tenu.

Ainsi le propriétaire qui possède moins de contenance que son titre ne lui en attribue, et qui n'est pas en état de prouver qu'il ait été commis d'usurpation à son préjudice, ne peut, en se fondant uniquement sur son titre, être admis à se faire compléter ce qui lui manque, soit en s'adressant à l'un de ses voisins, soit en les actionnant tous. Donc, en aucun cas, son titre ne peut l'autoriser à se faire adjuger une portion quelconque de terrain.

Mais les partisans de l'autorité des titres ont été conduits par leur système à reconnaître qu'un propriétaire a un droit, en quelque sorte absolu, à toute la contenance indiquée dans son titre, qu'en cas de déficit, il est créancier de la différence, qu'il doit la retrouver à tout prix, et que celui qui possède au-delà de son titre est débiteur du surplus ; on en a conclu que si un propriétaire qui éprouve du déficit est entouré de voisins dont aucun n'a d'excédant, il y a lieu de croire que ces voisins pressés d'un côté par des anticipations, se sont dédommagés en envahissant d'un autre côté, que si le déficit ne peut être repris sur les voisins immédiats, il doit l'être sur les voisins de ceux-ci. On a ainsi étendu l'action en bornage aux arrière-voisins et l'on a admis qu'un procès de bornage entre deux propriétaires voisins peut avoir pour résultat la mise en cause de tous les propriétaires de la contrée.

C'est ce que professent beaucoup d'auteurs. « Il arrive quelquefois, dit Toullier, que la demande en bornage entre deux personnes occasionne ou nécessite la même opération entre un plus grand nombre, lorsque, par exemple, le premier propriétaire d'une plaine demande le bornage à son voisin et que ni l'un ni l'autre ne se trouve avoir l'étendue de terrain portée dans leurs titres : on mesure le terrain du troisième, du quatrième propriétaire, et ainsi de suite, s'il est nécessaire, jusqu'à l'extrémité de la plaine. » (T. III, nº 178.) M. Perrin reconnait que c'est une *exception* au principe que le bornage ne peut être demandé qu'entre propriétés contiguës (nº 889) : il ne justifie par aucun motif cette exception. — Cette extension du bornage est admise par Demolombe (*Serv.*, nº 267); Solon (*Serv.*, nº 67); Paillet, (p. 666); Curasson (t. II, p. 462); Dumay (App., nº 51, p. 36); Dalloz (Vº *Bornage*, nº 44); Vaudoré (Vº *Bornage*, nº 12); Milet (chap. XII); Jay (Vº *Bornage*, nº 107); *Rép. du Journ. du Pal.* (Vº *Bornage*, nºs 89, 133); Malepeyre (*Législation rurale*, t. IV de la *Maison rustique du XIXe siècle*, p. 239).

Cette procédure a un premier vice, c'est d'être contraire à la loi. L'article 646 n'accorde l'action en bornage que pour les propriétés limitrophes. Le bornage, quoique ne constituant pas à proprement parler, une servitude, figure dans le chapitre qui traite *des Servitudes qui dérivent de la situation des lieux;* c'est une conséquence du voisinage. Mais un propriétaire est sans action contre les propriétaires d'héritages non limitrophes du sien. Qu'il s'arrange comme bon lui semble avec ses voisins immédiats; il ne peut forcer à intervenir dans ce débat les propriétaires de champs éloignés, qui n'ont contracté envers lui aucune obligation, et vis-à-vis desquels la loi ne lui accorde aucune action. Tous les auteurs reconnaissent qu'il suffit qu'il y ait entre deux pièces de terre un espace neutre et intermédiaire, pour qu'il n'y ait pas lieu à bornage : il y a inconséquence à accorder cette action contre des propriétaires dont les héritages sont séparés de celui du demandeur par une multitude de champs intermédiaires.

On comprendrait qu'un propriétaire appelé en bornage par son voisin d'un côté, mît en cause son voisin de l'autre côté, que celui-ci appelât le voisin suivant, et ainsi de suite. Seulement, en ce cas, il pourra arriver qu'une des parties s'oppose à ce que son procès, concernant uniquement le bornage avec ses voisins immédiats, soit lié à d'autres bornages auxquels il est étranger, et demande la disjonction. Dans le cas même où elle ne serait pas demandée, les actions par ricochet s'arrêteraient quand elles atteindraient un propriétaire qui ne jugerait pas à propos de pousser plus loin la série des mises en cause, et il arriverait le plus souvent qu'elles ne s'étendraient pas à tous les propriétaires de la plaine. Mais les auteurs partisans de l'action en bornage contre les arrière-voisins adoptent un autre mode de procéder. Selon eux, chaque partie peut directement appeler tous les propriétaires. « C'est ce qui aura lieu, dit M. Demolombe, lorsque le demandeur soutient que le bornage qu'il provoque ne peut être fait que contradictoirement avec eux; ce mode d'agir a l'avantage d'éviter beaucoup de retards et de frais et ne présente pas d'ailleurs d'inconvénients, puisque le demandeur devrait, bien entendu, payer les frais de sa procédure, si elle était reconnue frustratoire. » (*Serv.*, t. I, n° 267.) — M. Millet veut que le demandeur en bornage mette immédiatement en cause, en même temps que les propriétaires limitrophes, tous les propriétaires du terroir; c'est afin d'éviter, selon lui, les frais d'incidents. Mais c'est le moyen de se priver des avantages possibles d'un bornage réduit aux voisins immédiats, et d'entraîner le demandeur dans les risques d'un procès énorme. M. Milet conseille particulièrement cette marche quand le demandeur sait qu'il ne trouvera pas son déficit dans les pièces de terre contiguës à la sienne (p. 372); mais c'est ce qu'il ne peut jamais savoir d'avance, puisqu'il n'a aucun moyen de consulter les titres de ses voisins.

M. Dumay a quelques scrupules sur la validité de cette procédure. « Le demandeur, dit-il, ne sera pas recevable à appeler de prime abord en bornage la partie qu'il ne joint pas immédiatement, puisque cette action ne peut procéder directement que contre le maître de l'héritage contigu ; mais il pourra, en signalant le fait au tribunal, faire ordonner la mise en cause du propriétaire ou des propriétaires voisins de son voisin. » (App. nº 51, p. 36.)

Il est certain que le propriétaire qui agirait comme le propose M. Demolombe, en assignant des propriétaires d'héritages non limitrophes du sien, devrait être déclaré non recevable, ainsi que le reconnaît M. Dumay. Mais le moyen proposé par ce dernier ne vaut pas mieux. En effet, un tribunal ne peut ordonner de mise en cause, ni sur la demande d'une partie, ni d'office. — 1º Il ne le peut sur la demande d'une partie, car demander une autorisation, c'est reconnaître que le tribunal aurait le droit de la refuser; conséquence inadmissible, chaque partie pouvant incontestablement, à ses risques et périls et sans autorisation, mettre en cause qui bon lui semble. Un jugement qui autoriserait une partie à user d'un droit qui lui appartient, serait donc un acte frustratoire. En outre, un pareil jugement ne remédierait à rien ; car le tiers, n'ayant pas été partie au jugement qui a ordonné sa mise en cause, n'est pas lié par les dispositions de ce jugement qui n'a pu amoindrir ses droits; ce tiers, appelé dans la cause, peut donc opposer à celui qui l'a appelé les mêmes moyens que si celui-ci l'eût appelé sans autorisation; il sera donc admis à plaider que le demandeur n'a aucune action contre lui et à demander sa mise hors de cause. Si ses moyens sont fondés, le tribunal ne pourra se dispenser de les accueillir et d'ordonner la mise hors de cause de celui dont il avait ordonné la mise en cause; c'est-à-dire qu'il se déjugera. On ne peut admettre une procédure pouvant aboutir à un pareil résultat. — 2° Si aucune des parties ne demande la mise en cause d'un tiers, on ne voit pas sur quoi pourrait se fonder le juge pour l'ordonner. Le juge n'a point à se faire le tuteur des parties, ni à les guider dans la marche à suivre : qu'elles puissent, ou non, exercer un recours utile contre des tiers, c'est à elles à apprécier si elles doivent user de leurs droits, et le juge ne peut leur imposer l'obligation de défendre leurs intérêts mieux qu'elles ne veulent le faire. Il doit statuer sur la cause, d'après les éléments que les parties lui présentent, sauf à rejeter les demandes qui ne sont pas suffisamment justifiées. — En cas de mise en cause ordonnée d'office, il pourrait arriver, comme dans le cas précédent, que le tiers appelé fît ordonner sa mise hors de cause, ce qui obligerait le tribunal à se déjuger. L'inconvénient serait encore plus grave que dans le premier cas, puisque la partie qui, sans avoir demandé la mise en cause, aurait été obligée d'appeler un tiers, serait condamnée aux frais envers lui et se trouverait ainsi éprouver un dommage par le fait du juge. — Ainsi, malgré l'usage suivi dans plusieurs tribunaux, on doit décider que le juge ne peut ordonner de mise en cause; et, le serait-elle, le jugement qui l'ordonnerait ne changerait rien aux qualités des parties, ne rendrait pas plus recevable l'action du demandeur primitif en bornage contre les propriétaires d'héritages non limitrophes, qui seraient fondés à opposer le défaut de qualité du demandeur et à demander leur mise hors de cause.

Arrivons maintenant au fond de la question. Le système dont il s'agit est fondé sur un fait supposé : c'est que, à une époque inconnue, la plaine entière a été arpentée avec une exactitude parfaite tant dans son ensemble que dans ses parties, que tous les titres dressés depuis ont reproduit fidèlement l'indication de contenance de chaque pièce de terre conformément à cet arpentage général ; d'où il suit qu'en réarpentant tous les champs composant la plaine, on retrouvera la même contenance totale et l'on rectifiera toutes les contenances des champs de manière à les ramener à la contenance normale.

Il n'y a qu'un malheur, c'est qu'on s'appuie sur un fait supposé dont on ne peut montrer aucune trace ; c'est que non-seulement ce prétendu arpentage fondamental ne peut être représenté, mais encore qu'il n'y a pas le moindre document qui autorise à croire qu'il ait jamais existé. C'est quelque chose de romanesque, de fantastique. Et c'est sur de pareilles chimères que l'on se fonde pour troubler les possessions, pour dépouiller les propriétaires d'une partie de leur héritage !...

Il est vrai que dans certaines communes il y a eu, bien avant le cadastre, des arpentages généraux ; mais de faits particuliers à ces localités on ne peût tirer des règles de droit générales, applicables à toute la France. Et même, pour ces communes exceptionnelles, quelles conséquences pourrait-on tirer de ces arpentages? Ces opérations, ordonnées par l'autorité publique ou par les anciens seigneurs, sans le concours des propriétaires, étaient semblables à celles de notre cadastre moderne. Si l'on reconnait à ces anciens arpentages une autorité supérieure à celle des titres, il s'ensuit que c'est à ce document seul qu'on doit recourir, que les titres doivent donc être mis de côté, et tout le système que nous nous attachons à réfuter s'envole en fumée. Mais alors, pourquoi ne pas préférer le cadastre qui, entre autres avantages, a celui de pouvoir être appliqué partout, tandis que les arpentages dont il s'agit n'existent que dans certaines localités? Et en outre, le cadastre, fait plus récemment, en vertu d'instructions uniformes, à une époque où la géodésie avait fait d'immenses progrès, offre de meilleures garanties d'exactitude. — Si, au contraire, on préfère les titres, l'ancien arpentage se trouve par là mis à l'écart, et alors les communes qui possèdent ces documents rentrent dans la règle générale.

Dans les communes où il n'existe pas d'anciens arpentages généraux (et c'est l'immense majorité), la question est simplifiée, puisqu'il n'y a aucun vestige d'un prétendu état de choses ancien et qu'il s'agirait de reconstituer. On suppose alors que la contenance normale du territoire est celle que donne le total des contenances indiquées dans les titres particuliers. Mais c'est là une prétention gratuite, qui ne repose sur aucun fait constant, ni même sur aucune vraisemblance. Personne ne peut dire à quelle époque existait cet état idéal où chaque champ ne contenait que ce qu'il devait contenir; personne ne peut dire pourquoi, à cette bienheureuse époque, âge d'or de la propriété, tout était bien, ni prouver que ce soit de ce type de perfection qu'aient été tirées les énonciations successivement insérées dans les contrats. Les actes (en prenant pour chaque pièce de terre le plus ancien des titres qui la concernent) remontent à des époques très-différentes; et comme les limites des champs ont été, dans la suite des âges, fréquemment modifiées, il s'ensuit que chaque titre (en supposant qu'il ait exprimé exactement la contenance qu'avait la pièce de terre à l'époque où il a été passé) appartient à un état de choses particulier. Donc en réunissant ces plus anciens titres, on ne peut parvenir à recomposer ce qui existait à une époque déterminée.

Qu'on songe maintenant à toutes les erreurs qui ont pu se glisser dans les titres de propriété d'un millier de parcelles : sur un aussi grand nombre de propriétaires, quelques uns n'ont pas de titres; d'autres ont uniquement des titres où la contenance se réfère au cadastre; dans certains titres on a indiqué la contenance d'après un arpentage particulier, sans donner les moyens de remonter plus haut; d'autres donnent la contenance d'après la mesure renommée; les plus anciens titres indiquent une contenance sans aucun renseignement sur la manière dont elle a été fixée; plusieurs propriétaires ont fait insérer frauduleusement dans leurs actes une contenance exagérée dans leurs actes dont la régularité n'en est pas moins irréprochable; d'autres ont fait enclore leurs propriétés depuis plus de trente ans, ne sont point assujettis au bornage et refusent de communiquer leurs titres, de sorte qu'on ne peut connaître quelle contenance y était indiquée, et ainsi il se trouve des parties de territoire qui échappent à la mesure générale. Il s'ensuit que les titres qu'on veut rassembler sont disparates, hétérogènes, incomplets, ne peuvent donner, pour une époque quelconque, l'étendue totale du champtier; qu'il est déraisonnable de chercher à les coordonner, et que la mesure proposée n'est qu'un affreux gâchis.

La plaine à laquelle on veut étendre le bornage général, est un ensemble considéré comme ayant des limites naturelles, telles que rivières, ravins, chemins publics, fossés, lisières de bois, etc.; c'est ce que, dans plusieurs pays, on appelle un *champtier* ou *finage*. Il s'en faut de beaucoup que les limites en soient immuables : à la longue, un ravin s'élargit, ou si au contraire le volume des eaux diminue, les propriétaires riverains s'étendent en ajoutant à leurs champs une partie des terres qui autrefois avaient été inondées et qui se trouvent à sec; des cours d'eau minent les terres, les envahissent d'un côté, les abandonnent de l'autre, ou même se creusent un nouveau lit; des terrains vagues et incultes, qui autrefois servaient de limites et n'étaient pas compris dans le champtier, ont été attaqués par un travail opiniâtre et mis en culture, et ont agrandi les champs voisins; les chemins ruraux, jadis percés au hasard et mal entretenus, ont varié dans leur largeur et dans leur direction, sans que des procès-verbaux réguliers aient constaté ces changements, etc. Ainsi une foule de causes ont contribué à modifier l'étendue et la circonscription du champtier qui n'est plus ce qu'il était il y a un siècle. Et ces changements d'étendue superficielle ne se sont pas répartis proportionnellement sur les champs qui le composent; ce sont surtout les champs voisins des confins, dont la contenance a été altérée; pour les uns il y a eu augmentation, pour les autres diminution, pendant que certaines pièces de terre sont restées les mêmes ou à peu près. Il en résulte qu'en arpentant le champtier pour en répartir la contenance totale entre les champs qui le composent, proportionnellement aux contenances indiquées dans les titres, on ne rétablit pas un ordre de choses ayant jamais existé : loin de là, on bouleverse les héritages, on renverse toutes les limites, on viole les droits acquis, on porte dans une commune la confusion et la spoliation; et tout cela pour obéir aveuglément à une règle factice, sorte de divinité inexorable, créée par le caprice, et à laquelle tout doit obéir...

On suppose sans aucune preuve qu'un propriétaire pressé d'un côté par les envahissements de son voisin, s'est dédommagé en anticipant sur le voisin d'un autre côté, ce dernier sur son voisin opposé, et ainsi de suite; et par là l'on arrive à admettre que les champs, contrairement à l'opinion vulgaire qui leur accorde l'immobilité, se promènent, voyagent à l'aventure, et les redresseurs de torts se chargent de les arrêter dans leur course vagabonde pour les ramener au lieu de départ (1). Qu'on ne croie pas que ce ne soit là qu'un jeu d'esprit, qu'une hypothèse de jurisconsultes qui ont voulu pousser jusqu'au bout les conséquences de leur système. Hélas! cette hypothèse est devenue plus d'une fois une calamiteuse réalité, et nous allons en citer un exemple curieux. — M. Roullier, savant jurisconsulte, juge au tribunal civil de Chartres, m'a raconté que par suite d'un procès en bornage porté devant ce tribunal, un paisible culti-

(1) M. Pepin, géomètre expérimenté, auteur d'une dissertation fort spirituelle et fort sensée sur le bornage, fait voir ainsi les conséquences du refoulement : « En 1845, nous fûmes à Châtillon-en-Bazois, route de Château-Chinon; de là, on voit tout près les montagnes du Morvan. L'idée nous vint d'aller nous poser un cas de bornage sur la montagne. Le voici : bornage de finage entre quinze ou vingt particuliers. Une supposition : le demandeur plaignant et réclamant 50 ares, a son champ près du point culminant du mont et à l'orient, notez, regardez, du côté des Vosges. Application des titres et refoulement, et par ce refoulement notre homme voit son champ escalader la cime et passer de l'autre côté, au couchant. Etait-ce naturel? Au couchant, là où le principe, les titres et le refoulement assignent la place à ce champ, se trouve un cratère éteint, une crevasse volcanique dans laquelle un tiers cultive, de père en fils, des champignons depuis dix siècles. L'homme qui a demandé refuse maintenant en vertu de sa mouvance qui porte l'orient... » (*Journal des Géomètres*, 1859, p. 238.)

vateur s'est trouvé obligé d'intervenir dans le bornage général d'un champtier; il possédait un champ qui lui venait de ses ancêtres, qui avait appartenu à sa famille depuis un temps immémorial : sous prétexte de rectification générale des limites des pièces de terre conformément aux titres, il fut condamné, comme le Mélibée de Virgile, à délaisser le champ paternel, ce champ qu'il cultivait avec amour, qu'il fécondait de ses sueurs; et on lui assigna en échange, à quelques centaines de mètres de là, un autre champ d'égale contenance, mais ne produisant que des cailloux. Voilà comment on était censé réparer les effets des empiètements supposés d'un millier de propriétaires!

Il suffit de citer de tels résultats pour faire ressortir l'iniquité du système. Voilà où conduit la doctrine déraisonnable qui veut qu'un titre fasse foi contre les tiers.

C'est surtout pour ces remaniements de champtiers, qui, par suite de refoulement, font voyager les pièces de terre, que nous demanderons aux partisans de ce système, si le juge qui ordonne de tels changements peut se dire bien certain de remettre chaque champ à sa place primitive et de lui rendre ses limites anciennes, limites sacrées et qu'il n'aurait pas dû franchir!... Il est évident, au contraire, que n'ayant ni plan représentant l'ancien état de choses que l'on veut reconstituer, ni documents sûrs et complets qui puissent y suppléer, on suit de vagues présomptions, des règles arbitraires, et l'on agit au hasard.

Un bornage général de champtier est un des fléaux les plus désastreux qu'ait pu inventer le démon de la chicane. Mise en cause d'un millier de propriétaires parmi lesquels se trouvent nécessairement des mineurs, recours en garantie, intervention, jugement par défaut, opposition, incidents de toute espèce, déclinatoire, dépôt et vérification d'une masse de titres, compulsoire, interlocutoire, descente de lieux, rapports d'experts, appel; en un mot, toutes les complications de la procédure, tout ce que peut imaginer le procureur le plus retors. Voilà tous les avoués et les huissiers de la contrée, qui se jettent sur la commune devenue leur proie. Pour une mince querelle entre deux voisins hargneux, tout le pays est en feu, la discorde répand ses poisons; les gens les plus tranquilles, ceux qui, sans avoir éprouvé jusqu'ici le besoin de borner leurs propriétés, vivaient en paix avec leurs voisins, conçoivent des inquiétudes, sont forcés de prendre part à la guerre, voient partout des ennemis prêts à leur contester une part d'héritage, et deviennent agresseurs à leur tour. Les exploits pleuvent, les assignations se croisent; c'est une lutte acharnée, envenimée, implacable. Chacun néglige sa culture pour consulter le Code et conférer avec son homme de loi: on n'entend plus parler que de titres et parchemins.... Pauvres bonnes gens, naguère si unis, qui vous contentiez de ce que vous possédiez, pourquoi des amis si zélés sont-ils venus vous inspirer la fatale idée d'exercer vos prétendus droits, de reprendre ce que vous assignent des titres qui dormaient dans vos armoires et auxquels vous ne songiez guère? On va, dit-on, réparer toutes les usurpations, ramener vos champs à l'état normal, à la perfection absolue: et l'on commence, pour votre plus grand bien, par vous ruiner en frais. La grêle et l'inondation auraient été pour vous des fléaux moins cruels que le prétendu bienfait dont on vous gratifie.

Qu'arrivera-t-il si l'arpentage du champtier donne une contenance différente du total des contenances partielles portées dans les titres (et il y a au moins un million de chances contre une, pour qu'il en soit ainsi)? Il en résulterait d'abord que le but poursuivi était chimérique, qu'on ne pouvait se servir de l'arpentage général du champtier comme moyen de réparer les usurpations et de ramener les contenances partielles à un type normal; c'est donc la condamnation de la procédure du bornage général. Si nous trouvons maintenant la contenance du champtier en désaccord avec la somme des contenances portées dans les titres, rien ne vous autorise à affirmer que jamais l'accord ait eu lieu, ni qu'aucun lien ait rattaché les titres des diverses pièces de terre, ni que les contenances partielles aient été primitivement établies d'après une mesure d'ensemble : il faut donc renoncer à l'hypothèse d'un ancien état de choses à reconstituer. — Du désaccord entre l'arpentage du champtier et les contenances énoncées aux titres, résulte encore cette grave conséquence, ou que tous les titres sont fautifs, d'où il suit qu'on aurait tort de les prendre pour guides : ou que quelques-uns au moins sont erronnés, et comme il n'y a aucun critérium pour les discerner d'avec les titres exacts, il s'ensuit encore qu'on ne doit pas suivre l'autorité des titres. Si la contenance du champtier excède le total des contenances portées aux titres, il s'ensuit que tous les propriétaires des pièces de terre qui le composent, ou au moins beaucoup d'entre eux ont légitimement droit à une contenance supérieure à celle que portent leurs titres : donc, quand un propriétaire possède un tel excédant, on ne peut en conclure, comme le font nos adversaires, que cet excédant soit nécessairement un bien mal acquis, sujet à restitution. Si au contraire, la contenance du champtier est inférieure au total des contenances partielles énoncées dans les titres, il s'ensuit que tous les propriétaires des pièces de terre qui le composent, ou du moins beaucoup d'entre eux n'ont droit qu'à une contenance moindre que celle qu'énoncent leurs titres : donc, quand un propriétaire éprouve un déficit, on ne peut en conclure, comme le font nos adversaires, que ce propriétaire soit nécessairement créancier de ce déficit et ait droit à une restitution. Soit que la différence entre la contenance totale du champtier et les contenances partielles portées aux titres, soit en plus ou en moins, comme il est impossible de découvrir les causes (probablement très multipliées) de cette différence, il s'ensuit qu'on n'est pas en droit de la répartir entre les propriétaires proportionnellement aux contenances énoncées dans leurs titres respectifs, et que par conséquent on doit laisser à chacun ce qu'il possède.

Expliquer les différences dont il s'agit par les modifications survenues dans les limites du champtier, c'est encore se lancer dans des suppositions que rien ne justifie et qui ne peuvent être admises. Quand même cette explication serait vraie, comme on ne peut rendre compte de ces modifications, il est évident qu'on n'est pas en droit d'affirmer qu'elles aient influé sur toutes les pièces de terre composant le champtier, et proportionnellement aux superficies de ces pièces de terre ; il a pu se faire, au contraire, que tel propriétaire ait gagné d'un côté en joignant à son champ un sentier abandonné ou un terrain vague qu'il aura mis en culture, que tel autre ait perdu d'un autre côté par l'élargissement d'un chemin ou d'un ravin, et cela pendant que d'autres pièces de terre demeuraient intactes dans leurs limites. Donc la répartition proportionnelle des différences ne peut s'autoriser d'aucune raison plausible. Bien plus, si les uns ont de l'excédant et les autres du déficit, on ne peut obliger les premiers à restituer du terrain aux derniers, puisque des causes diverses et étrangères à toute usurpation ont pu, comme nous venons de le faire voir, concourir à agrandir certaines pièces de terre et à amoindrir certaines autres ; puisque surtout il est incontestable, d'après les conséquences auxquelles conduit forcément l'arpentage général du champtier, que les titres n'expriment pas nécessairement la contenance à laquelle chacun a droit.

Nous terminerons ce qui regarde le bornage général par l'examen d'une question secondaire. Parmi les innombrables pièces de terre composant le champtier, il s'en trouve presque toujours quelques-unes bornées de tous côtés : il peut même s'y joindre cette circonstance favorable que le bornage ait été fait régulièrement par autorité de justice, avec indication de points de repère pour prévenir tout déplacement de bornes, et que l'opération remonte à plus de trente ans. Devra-t-on y avoir égard et excepter ces pièces du bornage général? L'affirmative serait conforme à tous les principes du droit : car le propriétaire ainsi borné a isolé son immeuble d'avec les immeubles voisins, tout aussi bien que s'il s'était clos; sa possession, nettement définie au moyen de bornes apparentes, a duré le temps nécessaire pour prescrire ; il ne doit donc plus avoir rien à démêler, ni avec ses voisins, ni à plus forte raison avec les autres propriétaires du champtier. Nonobstant ces raisons, nous connaissons des hommes de loi et même des magistrats qui suivent l'avis contraire. Du moment qu'il est admis que le déficit d'un champ peut provenir des empiètements successifs de tous les propriétaires du champtier, et que l'arpentage de ce champtier entier, avec application de tous les titres et mise en cause de tous les propriétaires, peut seul donner le redressement de tous les empiètements et la rectification normale des contenances de toutes les pièces de terre, il s'ensuit que le bornage partiel de quelques propriétaires voisins ne peut avoir qu'une valeur précaire et doit s'effacer devant la grande mesure de justice générale. D'ailleurs, ce bornage partiel a pu avoir pour résultat d'attribuer à ceux qui y ont concouru plus de superficie que ne leur en accordent leurs titres, et peut-être précisément l'équivalent du terrain perdu par un propriétaire qui pour le retrouver a le droit de mettre toute la commune en combustion. Ce bornage particulier ne donne donc qu'une satisfaction imparfaite et provisoire à l'autorité des titres; il faudra faire mieux et remettre tout en question. Ainsi un propriétaire pacifique, après avoir amiablement borné avec tous ses voisins, se flattait d'être à l'abri des embarras et des procès; erreur, il sera arraché à sa sécurité par l'apparition néfaste des huissiers et il sera contraint de prendre part à la bataille judiciaire... Périsse la paix publique plutôt que le grand principe de l'appel aux titres!

En résumé, le bornage général est une procédure frustratoire, inique, désastreuse; comme elle découle du système de l'autorité des titres, elle peut servir à le faire juger.

CHAPITRE X.

DE LA RÉPARTITION DES TERRAINS.

Soit qu'il s'agisse d'un bornage général entre tous les propriétaires d'un champtier, soit que le bornage ne se fasse qu'entre voisins, les partisans de l'autorité des titres veulent qu'après l'arpentage, la totalité des terrains arpentés soit répartie entre les parties proportionnellement aux contenances indiquées dans leurs titres. Mais ils ne sont pas d'accord sur la marche à suivre, et cette divergence, ajoutée à tant d'autres, fait voir qu'on ne peut éviter de tomber dans l'incertitude et l'arbitraire dès qu'on s'écarte de la loi.

La plupart admettent, *dans tous les cas*, la répartition telle que nous venons de la formuler. Tel est l'avis de Toullier (t. III, nos 175, 176); Pardessus (*Serv.*, no 123); Solon (*Serv.*, no 71); Paillet (p. 670); Demolombe (*Serv.*, t. I, no 273); Vaudoré (Vo *Bornage*, nos 16, 17); Dalloz (Vo *Bornage*, no 44); Mongis (Vo *Bornage*, no 50); Rolland de Villargues (Vo *Bornage*, nos 53, 55, 56, 68); *Répertoire du Journ. du Pal.* (Vo *Bornage*, no 132); Bioche (Vo *Bornage*, no 20); Benech (*Des Justices de Paix*, p. 276); Perrin (nos 893 à 897); Toussaint (t. I, no 922); Malepeyre (*loc. cit.*); *Dictionnaire du Notariat* (Vo *Bornage*, no 44); Victor Foucher (no 283, p. 297); Masson (no 239). (1)

D'autres auteurs restreignent cette règle et distinguent six cas. Il peut arriver :

1o Que chacun possède tout juste la contenance indiquée dans son titre.

2o Que l'un ait juste la contenance indiquée dans son titre, et l'autre davantage.

(1) Ces deux derniers auteurs se bornent à reproduire l'opinion de Toullier.

3° Que l'un ait juste la contenance indiquée dans son titre, et que l'autre éprouve un déficit.

4° Que tous deux aient de l'excédant.

5° Que tous deux aient du déficit.

6° Que l'un ait de l'excédant et l'autre du déficit.

M. Dumay est d'avis que, dans les cinq premiers cas, chacun doit être maintenu dans sa possession ; ce n'est que dans le sixième cas qu'il demande, non pas que la superficie totale soit répartie entre les parties, mais que l'on parfasse ce qui manque à l'un au moyen de l'excédant de contenance de l'autre, de sorte que si cet excédant est plus que suffisant pour remplir le déficit, le surplus sera laissé à celui qui le possède (App., n° 48, p. 32). Tel est l'avis, quoique non formulé aussi nettement, de Favard (*Rep.*, t. V, V° *Servitude*, § 2, n° 2) ; Duranton (t. V, n° 261) ; Curasson (t. II, p. 462) ; Delahaye (*loc. cit.*) — Fournel est également d'avis, pour le cas d'excédant, qu'après avoir assuré à chacun la quantité de terrain que lui accorde son titre, on laisse le surplus à celui des deux qui en jouit (V° *Arpentage*, n° 152) ; il ne dit rien du cas où il y a déficit chez l'une et l'autre partie. — M. Milet (p. 366 et suiv.) n'adopte le premier mode que dans le cas de bornage de tout un terroir ; mais quand le bornage n'a lieu qu'entre voisins, il fait des distinctions et préfère le second mode, moyennant certains amendements.

Nous repoussons ces deux systèmes, par les motifs que nous avons développés ci-dessus, et nous les accusons tous deux d'inconséquence. — En effet, mon voisin m'intente une action en bornage ; je soutiens qu'il y a lieu de s'en rapporter à la possession, mon adversaire prétend, au contraire, que les titres seuls doivent faire foi. Le juge admet sa doctrine et ordonne l'arpentage, duquel il résulte que mon adversaire a plus que la mesure portée dans son titre et que je suis dans le même cas. Or, puisque d'après mon adversaire et d'après le juge qui accueille ses moyens, tout titre doit être respecté scrupuleusement comme la Loi et les Prophètes, puisque la contenance y énoncée est la contenance normale, légitime, immuable comme la vérité, que tout ce qui est possédé de surplus est un bien mal acquis ayant nécessairement l'usurpation pour origine, il s'ensuit que le partisan d'une telle doctrine doit donner l'exemple de fidélité à ses principes et répudier avec horreur tout ce qui excède la mesure fixée par les titres aussi sacrés que s'ils étaient descendus du ciel. Le juge qui sanctionne ces prétentions ne peut également sans inconséquence nous allouer la moindre parcelle de terre au-delà de nos titres : car, si nous n'y avons pas droit, c'est consacrer une déprédation; s'il reconnait, au contraire, que nous y avons droit, c'est déclarer qu'on peut, au moins en certains cas, posséder légitimement au-delà de son titre dont l'autorité est fatalement compromise; d'où il suit que celui qui se trouve dans cette position ne doit pas nécessairement et par cela seul être sujet à délaissement; c'est nous donner gain de cause sur tous les points. Donc quand même un des voisins aurait moins de contenance que son titre n'en indique, on ne pourra plus (à moins, bien entendu, d'anticipation constatée) l'autoriser à parfaire ce qui lui manque en prenant sur celui qui a plus, ce dernier pouvant, comme on est forcé de le reconnaître, posséder légitimement au-delà de son titre. Dès lors il devient inutile de recourir aux titres dont les énonciations de contenance ne doivent plus servir de règle.

Des deux systèmes exposés au commencement de ce chapitre, le second s'éloigne moins de l'équité et du droit; mais il est encore plus inconséquent que le premier. En effet, tous deux mettent les titres au-dessus de la possession, considèrent comme normale la contenance indiquée aux titres, et regardent tout ce qui s'en écarte comme étant nécessairement le résultat d'empiétements. Etant données ces prémisses, la seule possession qui doive être respectée, c'est celle qui est strictement conforme aux titres : seulement cette conformité est un phénomène presque introuvable. Mais en dehors de ce cas, ne pouvant atteindre la perfection, on devrait au moins s'en rapprocher le plus possible. Ainsi, quand deux voisins ont tous deux de l'excédant, l'un a pu anticiper sur le champ de l'autre, en prenant soin de lui laisser la contenance portée dans son titre; et ces usurpations seraient impunies! De même, si tous deux ont du déficit, l'un d'eux a pu chercher à atténuer le sien aux dépens du champ voisin. Qu'il n'y ait aucune preuve de ces usurpations, ni même aucune raison pour croire qu'elles aient eu lieu, peu importe : on devra les admettre, de même qu'on admet sans preuve les usurpations qu'a pu commettre le propriétaire qui a un excédant et dont le voisin a du déficit. Aussi les partisans du premier système décident-ils de même dans ces divers cas. Dès qu'on ne tient aucun compte de la possession, il faut avoir le courage de la sacrifier.

La répartition proportionnelle est une opération arithmétique: elle procède avec une précision rigoureuse, parce qu'elle se sert d'éléments connus et supposés parfaitement exacts : ainsi, quand on répartit l'actif d'une faillite entre les créanciers à chacun desquels on attribue le même *tant pour cent*, on a pour éléments du calcul, d'une part l'actif liquide et réalisé, d'une autre part les créances vérifiées et également liquides. Mais quand il s'agit de terrains qui se trouvent en plus ou en moins des contenances portées aux titres, sur quels éléments se fonde-t-on pour faire la répartition, quels sont les faits connus et juridiquement prouvés, qui autorisent à décider que chaque propriétaire doit subir l'augmentation ou la diminution d'une même quotité dans la contenance de son champ? Ce mode d'opérer suppose que tous les propriétaires entre lesquels se fait le bornage (et dont le nombre est fort considérable quand il s'agit de tout un champtier), dépassant leurs contenances primitives, se sont agrandis juste de la même quotité (par exemple 7 pour 100), ou se sont amoindris dans la même proportion. Qui oserait affirmer que les choses se sont passées ainsi? Et si ce fait, non-seulement n'est pas prouvé, mais encore est ridiculement impossible, comment qualifier l'opération, cette prétendue mesure de justice réparatrice?... M. de Robernier fait à ce sujet ces réflexions judicieuses : « Le calcul est juste, sans doute; mais comment en faire accepter les bases? Ces titres qui sont encore votre règle, vous les infirmez d'abord l'un et l'autre, en n'adoptant la mesure ni de l'un ni de l'autre. Vous les infirmez, dis-je, parce que l'excès seul de contenance doit les rendre suspects au point de vue de la bonne foi, et qu'à vos yeux ils contiennent chacun un mensonge. Et alors comment pouvez-vous dire : le mensonge va jusque là, la vérité se trouve dans une règle de proportion? Vous diriez avec autant de justesse, que la mesure de l'improbité des deux voisins est exactement celle de leur champ! Que si vous persistez à ne voir dans le double excès de mesure exprimée, qu'une double erreur d'arpentage, je ne pourrai, quant à moi, persister à absoudre la conséquence que vous en avez déduite dans l'espèce précédente; car il s'agit ici, non plus d'augmenter, mais de réduire la contenance portée aux contrats. Pourquoi, en effet, cette erreur se serait-elle produite de part et d'autre, tout juste dans un rapport déterminé et identique avec la contenance respective des deux héritages? Ne peut-il pas se faire qu'elle n'existe que dans l'un des deux actes? Et si elle existe des deux côtés, qu'elle soit en excédant pour l'un, et pour l'autre en déficit?... » (T. I, p. 272.)

CHAPITRE XI.

DE LA POSSESSION APPLIQUÉE AUX PIÈCES DE TERRE NON CLOSES NI BORNÉES.

La question capitale, en matière de bornage, consiste à savoir si l'on doit s'en rapporter aux titres ou à la possession. Ceux qui préfèrent l'autorité des titres, rejettent la possession en se fondant principalement sur l'argument suivant : « Quand il s'agit de pièces de terre qui ne sont ni closes ni bornées, l'usurpation peut se faire progressivement, d'une manière insensible, inappréciable; la possession résultant de telles anticipations est clandestine et ne peut ni valoir pour prescrire, ni avoir les résultats d'une possession légale. » (1).

Nous démontrerons : 1° Que cette théorie est erronée ; 2° que quand même elle serait vraie, on ne serait pas fondé à en conclure que pour le bornage les titres doivent l'emporter sur la possession.

§ I.

La loi, en énumérant les caractères que doit avoir la possession, n'a pas distingué entre les diverses espèces d'immeubles : les règles qu'elle a tracées, sont les mêmes pour tous ; et pour juger de la valeur d'une possession, il suffit d'énumérer si elle satisfait à tout ce que prescrit la loi. « Art. 2228 du Code Nap. : La possession est la détention ou la jouissance d'une chose ou d'un droit que nous tenons ou que nous exerçons par nous-mêmes ou par un autre qui la tient ou l'exerce en notre nom. — Art. 2229. Pour pouvoir prescrire, il faut une possession continue et non interrompue, paisible, publique, non équivoque et à titre de propriétaire. »

Que le possesseur doive posséder à titre de propriétaire, que sa possession soit *paisible*, c'est-à-dire exempte de violence, c'est ce qui ne peut faire difficulté quant à la question qui nous occupe.

Reprenons les autres caractères :

1° Elle doit être non *équivoque*, c'est-à-dire qu'il faut « que l'on puisse facilement déterminer à quel titre elle est exercée. (Troplong, *De la Prescription*, n° 239 et suiv.) Ainsi les actes

(1) Vazeille, *Des Prescriptions*, t. I, n° 46 ; Pardessus, *Serv.*, n° 126 ; Toullier, t. III, n° 175 ; Paillet, p. 670 ; Demolombe, *Serv.*, t. I, n° 272 ; Joccotton, *Des Actions civ.*, n° 172 ; Rolland de Villargues, V° *Bornage*, n° 71 ; Curasson, t. II, p. 441 ; Dumay, App. p. 13 ; Dalloz, V° *Bornage*, n° 12 ; Mongis, V° *Bornage*, n° 28 ; Milet, p. 388 ; Perrin, n° 909 ; Benech, p. 275, note ; Longchampt, n° 57 ; *Rép. du Journ. du Pal.*, V° *Bornage*, n° 139 ; Teulet, note 6 sur l'art. 646.

de simple familiarité ne peuvent suffire pour constituer la possession. M. Troplong en donne un exemple : « Dans la campagne, les cultivateurs sont dans l'usage de passer sur les champs les uns des autres pour faire tourner la charrue lorsqu'ils tracent leurs sillons; si l'on attribuait de pareils actes à une autre cause qu'à la tolérance et au bon voisinage, on tomberait dans l'erreur la plus manifeste, et l'on rendrait impossibles ces procédés obligeants qui entretiennent la concorde; ainsi donc la plus longue possession du tour de charrue n'empêcherait pas le propriétaire de se clore à la limite que lui donnent ses titres... Si la possession s'appuyait, non pas sur l'usage où on a été de contourner l'un sur l'autre, mais sur de véritables actes de propriétaire, comme par exemple, si l'on avait cultivé et ensemencé le terrain litigieux servant au tour de charrue, la possession serait utile pour prescrire. » (*Idem*, n° 391.)

Quand il s'agit, entre voisins, de déterminer jusqu'où s'étend la propriété de chacun d'eux, celui qui invoque la possession, allègue qu'il a joui du terrain litigieux, à titre de propriétaire et de la même manière qu'il a joui du surplus de son champ, c'est-à-dire qu'il a cultivé, ensemencé, récolté, qu'il a exercé, en un mot, tous les droits qui appartiennent au propriétaire. Sa possession n'a donc rien d'équivoque, elle a eu lieu *animo domini*.

2° La possession doit être *continue*. — On objecte, à cet égard, que les empiètements étant successifs, la possession varie quant à son étendue; « la continuité d'une telle possession échappe presque toujours à l'observation, et les témoignages sont impuissants pour l'établir d'une manière certaine. » (1).

Sur ce point, on doit bien se garder de considérer d'avance comme résolu ce qui est en question, savoir s'il y a eu des anticipations graduelles et insensibles. De ce que deux pièces de terre voisines ne sont ni closes ni bornées, on ne peut rigoureusement

(1) Moyens présentés par l'intimé dans l'affaire Devesvres dont il sera ci-après parlé.

en conclure qu'il a dû nécessairement y avoir anticipation d'un propriétaire sur l'autre. On doit regarder au moins comme possible que, pendant une longue suite d'années, chacun se soit strictement renfermé dans ses limites, sans chercher à empiéter sur son voisin; et en fait, il est certain que dans beaucoup de localités, les choses se passent ainsi, et les cultivateurs n'ont jamais, à ce sujet, de procès, ni même de difficultés. Si une contestation s'élève, qu'un des propriétaires invoque la possession, et qu'elle soit déniée, il aura à la prouver par des faits établissant sa jouissance. A-t-il ou n'a-t-il pas étendu graduellement sa possession? C'est un point de fait qui variera suivant les circonstances. Il peut se faire que, d'après les preuves qu'il fournit, il soit bien démontré que sa possession existe depuis un certain temps, par exemple le temps nécessaire pour avoir la maintenue possessoire, ou le temps nécessaire pour prescrire; et alors la supposition d'anticipations graduelles tombe devant les faits établis. Si au contraire il est reconnu que de pareilles anticipations ont eu lieu, la possession ne commence pour chaque parcelle de terre, que du jour du premier acte de jouissance dont cette parcelle a été l'objet, d'après la maxime *quantùm possessum, tantùm præscriptum*. Si enfin il résulte de l'enquête et des autres documents fournis, que depuis une certaine époque les anticipations ont commencé, sans qu'on puisse préciser au juste en quoi elles ont consisté d'année en année, alors il y aura incertitude sur l'étendue de la possession, et la partie qui aura offert de prouver sa possession, ne pouvant administrer la preuve promise, sera exposée à succomber dans sa demande.

Que, dans beaucoup de cas, il soit difficile de prouver qu'une possession actuelle s'est conservée telle qu'elle est, depuis un temps déterminé, c'est ce que l'on ne peut nier.

Mais de la difficulté de faire une preuve on ne peut conclure à la non recevabilité de cette preuve. Les cultivateurs ont une justesse de coup d'œil étonnante quand il s'agit des champs de leur voisinage, qu'ils visitent et observent journellement, et dont le moindre changement éveille aussitôt leur attention. C'est au juge du fait à recueillir avec soin leur témoignage, à distinguer s'ils sont sûrs de leurs souvenirs, ou si au contraire ils n'ont qu'une idée vague des changements survenus. Mais, en principe, on ne peut nier la possibilité de la preuve de la possession dont il s'agit.

3° La possession doit être *publique* : « Elle a ce caractère lorsque le possesseur n'a rien fait pour la cacher à celui qui avait intérêt à la connaître, lorsqu'elle a eu lieu au su et vu de tous ceux qui l'ont voulu voir et savoir. » (*Rep. du Journ. du Pal.*, V° *Prescription*, n° 212).

La possession clandestine, au contraire, est celle qui manque de ce caractère : on cite, comme exemple, la possession de caves creusées sous le sol d'une maison voisine à l'insu du propriétaire. Aucun reproche semblable ne peut être élevé contre la possession de champs cultivés au grand jour, au su et vu de tout le monde; les actes de possession, en ces cas, sont publics, notoires; personne ne peut prétexter de son ignorance.

L'allégation de clandestinité n'est donc pas soutenable.

On objecte que les faits de culture ont beau s'exécuter publiquement, le voisin aux dépens duquel se fait l'anticipation, est dans l'impossibilité de s'en apercevoir, vu l'exiguïté de chacun des empiétements. — Quand même cette assertion serait vraie, elle ne suffirait pas pour enlever aux faits de culture le caractère de publicité qui leur appartient incontestablement. Mais cette prétendue impossibilité n'existe pas pour le cultivateur : rien n'échappe à sa vigilance, il a l'image de ses champs gravée dans la mémoire, c'est là le principal objet de ses pensées et je dirai même de ses affections; la moindre atteinte portée à son terrain sera aussitôt visible pour lui (1).

Si un propriétaire craint de ne pouvoir reconnaître les anticipations d'un voisin qu'il a sujet de suspecter, il peut, aussitôt

(1) Voir ci-après l'opinion de M. Troplong (*Prescription*, n° 352).

après chaque labourage de la part de celui-ci, toiser son champ, c'est-à-dire mesurer aux deux extrémités, la dimension perpendiculaire à la ligne de labour, ce qui n'exige aucune connaissance en géométrie, et il s'apercevra bien s'il y a diminution de cette dimension. Sans doute il serait pénible et fastidieux de prendre chaque année de pareilles précautions; mais il suffit de les indiquer pour faire voir que personne n'est privé des moyens de constater une usurpation aussitôt qu'elle est commise, ce qui nous suffit pour faire disparaître le seul argument spécieux employé à l'appui du reproche de clandestinité. Dieu merci, la bonne foi n'est pas bannie de nos campagnes; nos cultivateurs n'en sont pas réduits à voir dans chaque voisin un ennemi, un larron toujours prêt à enlever leur bien : ils savent conserver avec un soin scrupuleux l'intégrité de leurs champs, sans avoir besoin de tenir sans cesse une toise à la main.

Quant aux propriétaires éloignés de leurs champs, ils sont représentés par leurs fermiers chargés de leurs intérêts, intéressés eux-mêmes à la conservation des champs, et responsables des empiétements qu'ils laisseraient commettre : s'ils ne font pas choix de fermiers soigneux et vigilants, ils ont à s'imputer leur imprévoyance; *vigilantibus jura prosunt.*

Enfin, il est un fait connu des praticiens, c'est que, quand la limite de deux champs voisins est demeurée constante pendant un certain nombre d'années, la déclivité des deux champs forme sur cette ligne séparative une dépression de terrain, et les eaux qui y séjournent déposent un détritus reconnaissable à une profondeur qui varie suivant la nature des terrains. Si donc cette ligne vient à être déplacée, on n'aura qu'à creuser le sol pour trouver ce detritus qui servira de vestige de l'ancienne limite et permettra de la retracer. L'usurpation laisse donc des traces saisissables, accusatrices.

Ainsi la possession dont il s'agit, satisfait à toutes les conditions légales et doit être acceptée. Telle est l'opinion du premier de nos jurisconsultes contemporains, de M. le président

Troplong. Dans son *Traité de la Prescription* (nos 351 et suiv.), il discute et critique un arrêt rendu en sens contraire par la Cour de Paris, le 28 février 1821 (*Jour. du Palais*, t. XXIII, p. 164; Sirey, 1822, t. II, p. 116). Vu l'importance d'une autorité aussi grave, nous allons reproduire *in extenso* la discussion lumineuse de M. Troplong. « Il est important, dit-il, de discuter les conséquences de cet arrêt, parce que la difficulté se présente fréquemment dans les contrées où la propriété est fort divisée. Devesvres, propriétaire d'un champ anciennement composé de 36 perches, reconnut par suite d'un arpentage, qu'il n'en contenait plus qu'environ 28. Cette diminution de contenance provenait, suivant lui, d'empiètements successifs opérés par Martin et Legris dont le champ limitrophe s'était agrandi par ce moyen bien au-delà de leurs titres. Assignés par Devesvres, ces individus opposèrent la prescription et offrirent la preuve d'une possession trentenairé. Mais le tribunal de première instance de la Seine déclara cette offre inadmissible, attendu qu'il s'agissait d'usurpations graduelles et ne donnant lieu qu'à une possession clandestine; qu'une pareille possession, quelque longue qu'elle soit, ne peut jamais faire supposer de la part du propriétaire, l'abandon de ses droits. Sur l'appel, Devesvres soutenait le bien jugé en alléguant que la possession des appelants était non continue, équivoque et clandestine. La Cour confirma en adoptant les motifs des premiers juges.

» Je n'affirme pas que le Tribunal et la Cour ont agi avec trop de promptitude; car dans les questions qui gisent tout entières en fait, l'exposé succinct que donnent les arrêtistes ne fait pas pénétrer assez profondément dans le cœur de l'affaire, pour en parler comme le ferait le témoin du débat. Néanmoins, il me semble, du moins en prenant le procès dans l'état retracé par les recueils, que les magistrats ont peut-être préjugé un peu trop brusquement le résultat de l'enquête offerte par les appelants, et supposé en fait ce qui était en question. Les appelants articulaient que, depuis trente ans, ils possédaient publiquement et paisiblement 6 verges de plus que la contenance indiquée par leur titre : c'était offrir de justifier que les usurpations (1) avaient précédé le point de départ de la prescription, et assurément rien n'était plus pertinent que de telles conclusions. Néanmoins le Tribunal et la Cour raisonnent comme si les usurpations avaient eu lieu graduellement. N'était-ce pas déplacer la question et faire grief aux appelants? Presque toujours les contenances indiquées dans les anciens titres sont inexactes, et l'on sait que rien n'est plus variable que les résultats obtenus par les arpentages : il ne faut donc pas se faire un système trop exclusif de détacher les actes écrits du fait de la possession, et de donner toute l'autorité aux titres et rien aux jouissances longtemps respectées; car, à ce compte, il n'y aurait presque pas de propriétaires qui ne fût taxé d'usurpation, pas de champ qui ne fût la matière d'un procès, pas de limites qui ne devinssent une cause de disputes, de troubles et d'inquiétudes. La possession est ordinairement le meilleur interprète des titres, elle supplée à leurs inexactitudes, elle crée un ordre de choses respectable et donne des droits précieux. Il faut en tenir compte, et je crois que la Cour de Paris a eu pour elle trop de dédain dans l'espèce dont il s'agit.

» La Cour craignait-elle que la preuve dans laquelle les appelants demandaient à s'engager, ne fût trop difficile à faire? Il est possible que cela fût ainsi dans le cas particulier; mais il ne faudrait pas conclure de ce cas à d'autres. Les cultivateurs ont ordinairement sur les limites des héritages, des données positives : un buisson, un fragment de haie, un alignement, un point quelconque de repère peuvent indiquer le point extrême où la culture s'arrête depuis trente ou quarante ans; et, dans ce cas,

(1) Nous ne pouvons laisser passer cette expression : il ne résulte aucunement du compte-rendu du procès, que les appelants aient reconnu avoir commis des usurpations. Ce qu'ils offraient de prouver, c'est que leur possession, telle qu'elle existait, durait depuis plus de trente ans. M. Troplong n'admet pas que ce qui est possédé au-delà des titres ait nécessairement pour cause l'usurpation; la suite du passage fait voir, au contraire, qu'il admet que la possession peut prévaloir sur les titres.

la prescription doit faire maintenir ces limites, quand même elles seraient hors des contenances fixées par les titres. Le parti le plus prudent est donc d'attendre le résultat des enquêtes. Si elles déposent d'une possession continue, publique, dans les limites connues depuis trente ans, il ne faudra pas hésiter à se prononcer en faveur de la prescription, quand même le terrain disputé serait de peu d'importance; *l'on n'écoutera pas surtout le propriétaire voisin qui prétendra qu'à raison de l'exiguïté de la parcelle, l'usurpation a échappé à sa surveillance, et qu'ainsi la possession manque de publicité : on ne saurait, en effet, transformer en actes clandestins une jouissance qui s'est produite au grand jour, et ce serait tout renverser que de mettre sur le compte de la ruse d'autrui la négligence dont on s'est rendu coupable envers soi-même.* Mais si les témoins ne peuvent indiquer depuis combien de temps les anticipations ont eu lieu, s'ils laissent croire que, pendant trente ans, elles se sont avancées d'une manière lente, occulte, imperceptible, on rejettera la prescription et l'on s'en référera aux énonciations contenues dans les titres.

» Toutefois je crois que *ces énonciations ne feront foi que lorsqu'il y aura des indices extrinsèques d'anticipation;* car, je le répète, les indications de contenance sont habituellement trop fautives pour s'y arrêter aveuglement, surtout quand il s'agit de titres rédigés à des époques reculées, et où les mesures n'étaient peut-être pas les mêmes que celles qui plus tard ont été mises en vigueur. En un mot, il faut presque toujours quelque chose de plus que des titres, dans lesquels la loi suppose facilement une erreur d'un vingtième, pour se plaindre d'une usurpation.

» Je sais que quelques auteurs font une distinction entre les empiétements d'une certaine importance et ceux qui portent sur des quantités minimes. S'agit-il d'un espace de terrain qui peut passer d'un champ à un autre, sans qu'on s'en aperçoive aisément, ils considèrent comme clandestine la possession même trentenaire ; mais si le terrain est plus considérable, si le déficit a été sensible, ils consentent plus facilement à laisser régler la limite des héritages par la haute possession... »

M. Troplong, après avoir repoussé l'argument tiré de la loi romaine *Quinque pedum* (au Code, *tit. Finium regundorum*), ajoute : « Quel que soit le sens de cette loi, elle peut tenir à des usages nationaux qui ne sont pas adoptés chez nous. Dunod fait mention (p. 98) d'un arrêt du parlement de Dijon, rendu entre les chartreux et les religieux de Citeaux, par lequel, sans s'arrêter aux limites désignées dans les anciens titres, il fut dit que la délimitation serait faite suivant l'ancienne possession. Henrys cite une décision semblable émanée du siége près duquel il exerçait les fonctions d'avocat du roi (t. II, p. 539). Il n'y a pas de jour où la question ne soit jugée de même par la Cour de Nancy, située au milieu d'un ressort où les terres ont une grande valeur, et où les moindres parcelles du sol sont disputées par les cultivateurs avec une passion qui atteste le vif sentiment de propriété dont est imbue cette population laborieuse. Pour le petit propriétaire, un sillon a une valeur très-grande, et il ne faut pas juger les intérêts de la classe agricole par les habitudes de la grande propriété. Considérable ou minime, le terrain litigieux doit être jugé d'après des principes identiques, et l'exiguïté de l'empiètement n'est pas une raison de le réputer clandestin. Tout dépend, encore une fois, des faits prouvés par les enquêtes. Y a-t-il eu publicité dans la possession? On dira, avec Dunod (p. 33), au propriétaire qui prétend que sa surveillance a été en défaut : les personnes intéressées n'ont pas d'excuse en ce cas ; elles sont présumées avoir su ce qu'elles ont vraisemblablement pu savoir; il faut s'informer de ce à quoi l'on a intérêts. Si on ne l'a pas su, on a dû le savoir quand l'acte est public. *Nec enim perpetua cujusquam ignorantia ferenda est, quæ potest discuti, et magna negligentia culpa est.* —Toutes les fois qu'une chose se fait publiquement, la clandestinité est exclue, et l'on doit supposer la connaissance de l'acte chez ceux qui avaient intérêt à le connaître. *Præsumitur enim scientia in his quæ publicè fiunt.* »

M. Solon, tout en regardant comme difficile la preuve de la possession dans le cas dont il s'agit, la tient pour recevable : « Il ne faut pas, dit-il, admettre avec trop de facilité une pareille possession (de terres non closes ni bornées), et l'expérience a démontré que l'absence de toutes bornes rendrait bien difficile la preuve d'une possession conforme au titre. Il ne suffit donc pas que les témoins se bornent à dire que telle partie a joui jusqu'à tel point de la propriété contiguë; il est indispensable qu'ils fassent connaître le fait qui a déterminé leur conviction; il est nécessaire que le juge puisse voir dans les déclarations des témoins le fait matériel sur lequel repose la certitude du témoignage, et qui a empêché le témoin de prendre une ligne pour une autre. Par exemple, il faut qu'un témoin puisse dire : tel jouissait jusqu'à tel arbre, jusqu'à l'alignement de telle muraille, jusqu'à un banc de pierre, etc. Si les dépositions n'ont pas un caractère de certitude aussi appréciable pour tous, la preuve ne saurait être concluante. Cela est d'autant plus juste que si la possession ne se trouve pas indiquée et limitée, on peut la considérer comme clandestine. » (*Serv.*, nº 74.) — Dans l'hypothèse prévue à la fin de ce passage, la possession serait, non pas *clandestine*, mais incertaine, non établie par des preuves suffisantes.

Delvincourt est d'avis que la possession dont il s'agit doit être régie par le droit commun (t. I, p. 387, note 11 sur la page 164).

M. Bélime adopte l'avis de M. Troplong, et présente de nouveaux et excellents arguments contre la doctrine de la Cour de Paris : « L'arrêt assez singulier du 28 février 1821 déclare (dit-il), possession clandestine celle qui résulte d'anticipations graduelles commises en labourant, et sur ce principe refuse d'admettre la preuve testimoniale offerte par la partie, dans le but d'établir qu'il y avait prescription; ce qui implique aussi nécessairement cette doctrine, que l'action possessoire ne sera pas recevable dans ce cas. Cet arrêt a été combattu par M. Troplong (*Prescription*, nº 352). Comment réputer clandestine une possession qui s'exerce à la face du soleil, par le seul motif que l'usurpation ne s'est pas opérée d'un seul coup, mais a grandi de sillon en sillon pendant plusieurs années? Prétendra-t-on que je serai dans l'impossibilité de prescrire, même quand j'aurai envahi tout le champ du voisin, ou bien fixera-t-on une limite au-delà de laquelle la prescription commencera? Tous ceux qui ont habité la campagne, savent au surplus qu'il ne faut pas une grande vigilance pour reconnaître le retournement des terres, et que l'œil soupçonneux du cultivateur s'aperçoit bien vite des anticipations les plus minces. Cet arrêt est un exemple du penchant qu'ont les tribunaux à sacrifier quelquefois les principes dans l'intérêt d'une équité souvent trompeuse. La Cour avait sans doute la conviction d'après les titres, que l'une des parties avait été dépouillée, et dans son désir de rejeter la prescription légalement acquise, elle imita ces magistrats qui, suivant l'expression pittoresque de D'Argentré, se construisent de belles consciences au dépens de la loi, *sibi conscientias architectantur contrà legem.* » (*Traité du droit de possession et des actions possessoires*, nº 41.)

§ II.

Ainsi les pièces de terre non closes ni bornées sont soumises au droit commun, quant à la possession et à la prescription. Supposons néanmoins qu'il en doive être autrement, et voyons quelles en seraient les conséquences.

Il s'ensuivrait que, si l'on pouvait établir qu'à une certaine époque, une pièce de terre s'étendait jusqu'à une certaine limite, et que le propriétaire voisin ait ultérieurement agrandi son champ, en anticipant au-delà de cette limite, il ne serait pas fondé à se prévaloir de cette possession, quelque longue qu'en ait été la durée, parce qu'il serait présumé avoir anticipé graduellement et insensiblement, et que sa possession au-delà de l'ancienne limite devrait être regardée comme clandestine et sans valeur. Si, par exemple, les contenances de deux pièces de terre limitrophes étaient fixées par un titre contradictoire, si l'ensemble de ces deux pièces formait une superficie invariablement déterminée par des bornes ou par des signes fixes et reconnaissables, de sorte que les empiétements ne fussent possibles que de l'une des pièces de terre sur l'autre ; si ensuite un des propriétaires prouvait qu'il a moins que la contenance indiquée en son titre et que son voisin a un excédant de même quantité, il aurait (en vertu du principe supposé) le droit de parfaire sa contenance, et le voisin ne pourrait invoquer sa possession pour conserver une contenance supérieure à celle que lui assigne son titre.

Mais de cette doctrine il ne résulte aucunement que les titres non contradictoires doivent faire autorité, et les principes que nous avons posés sur le bornage ne recevraient aucune atteinte. — Ainsi un procès de bornage a lieu entre deux propriétaires voisins. L'un d'eux demande qu'on fasse application des titres non contradictoires ; l'autre soutient qu'on doit s'en tenir à la possession. Le premier objecte que, quand il s'agit de pièces de terre non closes ni bornées, la possession est toujours regardée, pour une certaine partie, comme le résultat d'anticipations successives, et manque des qualités nécessaires pour faire acquérir la prescription. « Soit, lui répond son adversaire ; mais il ne s'agit pas de prescription. Je possède jusqu'à une certaine limite, voilà le fait. Votre doctrine s'oppose à ce que je puisse prouver que ma possession, telle qu'elle existe aujourd'hui, remonte à une époque quelconque. Mais je n'ai pas besoin que ma possession soit ancienne. Elle existe, et je ne puis être évincé de ce que je possède qu'autant que vous avez sur le terrain litigieux des droits supérieurs aux miens. Or vous êtes hors d'état de prouver le fait matériel d'une usurpation de ma part. Vous ne pouvez davantage prouver que, antérieurement à ma possession, vous ayez possédé ce même terrain litigieux pendant le temps nécessaire pour prescrire. Vous vous bornez à invoquer vos titres, auxquels je suis étranger, et qui ne peuvent m'être opposés ni prouver contre moi que vous ayez possédé à aucune époque le terrain que vous réclamez. Il n'y a donc aucune raison pour que je vous cède la place. La possession n'a besoin de se prolonger pendant un certain temps, qu'autant qu'il s'agit de l'opposer aux droits d'un propriétaire au préjudice duquel elle se serait formée : mais la possession, si récente qu'elle soit, suffit pour repousser celui qui ne peut s'appuyer sur une possession antérieure ou sur des titres opposables au possesseur. Or, comme vous n'avez pas de pareil titre et que, d'une autre part, rien ne prouve que vous ayez jamais possédé le terrain litigieux, c'est sans aucun fondement que vous le réclamez ; rien ne vous autorise à affirmer que ma possession se soit formée au détriment de votre champ. Vous vous bornez à dire, en vertu de votre système des anticipations graduelles et insensibles, qu'il est *possible* que j'aie, par des empiétements successifs, étendu ma possession au-delà de ce qu'elle était jadis : il me suffit de vous répondre qu'il est également possible, non seulement que je n'aie pas étendu ma possession aux dépens de la vôtre, mais encore que vous ayez étendu la vôtre aux dépens de la mienne. Dès qu'on ne peut rien prouver à cet égard (et c'est là le cas où nous sommes, une fois qu'on a écarté les titres non contradictoires) chacun doit garder ce qu'il a ; *in pari causâ, melior est conditio possidentis.* »

L'argument favori des partisans de l'autorité des titres, n'a donc rien de concluant en leur faveur et conduit même logiquement au maintien des possessions actuelles : il ne pourrait leur servir qu'autant qu'ils démontreraient que les titres de chacun font foi contre tous, doctrine erronée et que nous avons suffisamment réfutée.

Il y a plus, la doctrine combattue par M. Troplong, loin de corroborer le système de l'autorité des titres en matière de bornage, aurait pour conséquence de le ruiner radicalement. En effet, d'après cette doctrine, les limites des pièces de terre non closes ni bornées sont extrêmement mobiles et varient d'année en année, sans qu'il soit possible de s'apercevoir de ces innombrables changements, et l'on en conclut que la possession étant sans cesse déplacée, manque des caractères essentiels pour servir de base à la prescription. S'il en est ainsi, que peut-on gagner à produire, dans les procès de bornage, des titres non contradictoires? Nous avons contesté que de pareils titres fussent propres à prouver que la contenance des pièces de terre ait été, lors de la rédaction des contrats, conforme aux énonciations y insérées. Mais, quand même le fait de cette conformité serait vrai, il s'ensuivrait seulement que *ce jour-là* la possession du vendeur avait telle étendue. Mais ce n'est là qu'un fait fugitif: la possession du jour ne ressemble pas à celle de la veille et différera encore de celle du lendemain. Puisque cette possession variable ne peut conférer aucun droit et qu'on n'est pas même admis à prouver qu'elle ait duré un temps déterminé, il importe fort peu dès lors qu'on soit en état d'en rappeler le *quantùm* à un moment donné. Votre champ avait, par exemple, le jour où votre bisaïeul en a fait l'acquisition, 53 ares; l'année précédente il pouvait en avoir 49 et l'année suivante 58. Mettons seulement un changement par an, c'est-à-dire un à chaque labour : votre champ aura changé cent fois d'étendue en un siècle; aucun de ces cent états n'est plus respectable, plus sacré que les autres. En saisissant au vol la limite mouvante, vous en avez retracé le souvenir dans un acte; mais cette constatation (même en la supposant exacte) n'a pas arrêté le cours des fluctuations, pas plus qu'en photographiant l'aspect de la mer vous n'en fixez les vagues inconstantes. Donc votre titre ne prouve nullement que vous ayez un droit légitime à recomposer votre champ tel qu'il était le jour où il a plu à l'un de vos auteurs d'en exprimer la contenance. Le champ avait 53 ares alors, il n'en a plus aujourd'hui que 50, et vous réclamez vos 3 ares perdus. Mais si l'on vous opposait ce qu'était votre champ lors de son minimum, alors que la marée des anticipations se portait de votre côté, vous auriez à restituer, au lieu d'avoir à reprendre. D'après vous, deux champs voisins et non bornés ne peuvent pas exister sans qu'il y ait, chaque année, anticipation d'un côté ou de l'autre;

et quand même on ne pourrait prouver le fait, on est en droit de l'affirmer. Mais alors, l'anticipation pouvant alterner dans l'un et l'autre sens, chacun des voisins est également suspect; on a peut-être mordu sur votre champ, mais peut-être aussi est-ce vous qui avez le plus mordu sur votre voisin. Il n'y a aucun moyen de se reconnaître dans ces allées et venues de la ligne divisoire, ni de déterminer lequel des deux voisins a commencé la série des anticipations, ni lequel en a le plus commis; aucun titre faisant autorité entre les deux parties, ne peut nous apprendre ce qu'étaient les champs à l'origine des choses. Donc, encore une fois, il faut prendre les champs comme ils sont, et mettre en posant des bornes, un terme à la mobilité, sans s'inquiéter du passé.

CONCLUSION.

Nous croyons avoir répondu à toutes les objections et avoir prouvé que le bornage devait se faire d'après la possession et non d'après les titres. Quelques personnes ont émis la crainte qu'un tel mode de procéder ne favorisât les usurpations : mais nous avons déjà fait remarquer que le cultivateur vigilant est toujours en état de s'y opposer. Au point de vue de l'équité, comparons les deux systèmes. D'après le nôtre, le propriétaire qui respecte scrupuleusement le bien d'autrui, qui se renferme dans ses limites et qui veille attentivement à ce que ses voisins ne commettent aucune usurpation à son préjudice, est parfaitement tranquille; si ses voisins demandent le bornage et qu'aucun d'eux n'ait à se plaindre d'anticipation, la chose est extrêmement simple; il suffit de planter des bornes aux lignes séparatives des héritages, on n'a point à s'enfoncer dans les ténèbres du passé, ni à recourir aux titres; rien ne trouble la concorde; tout se fait promptement et à peu de frais. — Dans le système contraire, nul n'est assuré de conserver de ce qu'il a. L'honnête homme, pur de toute anticipation, de toute atteinte au bien d'autrui, le cultivateur paisible qui, par lui et par ses ancêtres, possède depuis des siècles, est constamment exposé à perdre une partie de sa propriété. Un voisin tracassier demandera à borner, exigera la production des titres. Si chacun doit connaître les siens (quand il en a), nul ne peut connaître ceux de ses voisins; on ne peut donc d'avance deviner ce que produira la répartition d'après les contenances énoncées aux titres; on ne sait plus au juste ce qu'on a droit de conserver; chacun peut, malgré sa bonne foi, être condamné à délaisser une portion de terrain dont l'étendue sera déterminée par l'arpentage; voilà tout remis en question. Il faudra compulser des actes nombreux, les discuter, confronter ceux qui s'appliquent au même champ; de là des procédures longues et ruineuses, de là une guerre acharnée. Puis, après que les hommes de loi auront dévoré en frais une bonne partie des champs qu'il s'agissait de borner, l'honnête possesseur sera peut-être dépouillé d'une portion de son patrimoine en vertu de titres presque toujours inexacts, parfois frauduleux, d'actes passés en dehors de lui et sans qu'il ait pu ni les surveiller, ni se prémunir contre les embûches dressées contre lui. Mais ce n'est rien encore en comparaison du débordement de fléaux qui frapperont une contrée où, sous prétexte d'extension d'un bornage aux arrière-voisins, tous les propriétaires d'un champtier seront mis en cause. Alors c'est la guerre générale, guerre de ruse où la chicane et la mauvaise foi l'emporteront presque toujours sur l'inexpérience du paysan; ce sera une avalanche de frais qui viendra écraser les populations pacifiques; puis des champs qui voyagent, en vertu du *refoulement;* et de braves cultivateurs expulsés des champs paternels et condamnés à subir des échanges arbitraires...

Ici c'est aux cultivateurs que nous faisons appel : qu'ils comparent les deux systèmes, et qu'ils jugent lequel protége le mieux les intérêts de la propriété.

CHAPITRE XII.

DE LA COMPÉTENCE EN MATIÈRE DE BORNAGE.

Les questions que nous avons traitées jusqu'ici concernent l'action en bornage, quelle que soit la juridiction devant laquelle est portée cette action : nous avons maintenant à examiner la question de compétence.

L'action en bornage est pétitoire de sa nature, chaque fois qu'il y a désaccord entre les parties sur la ligne divisoire; car alors la contestation porte sur la propriété de portions de terrain : cette action était donc de la compétence des tribunaux de première instance. La loi du 25 mai 1838 a eu pour but d'étendre considérablement les attributions des juges de paix et de procurer par là aux justiciables les avantages d'une juridiction expéditive et peu coûteuse : dans les procès de bornage, l'objet litigieux ne consiste le plus souvent qu'en des parcelles de terrain peu étendues et d'une modique importance, et l'on regarda comme une heureuse innovation d'en charger les juges de paix. D'après le projet de loi, ces magistrats devaient connaître des actions en bornage, *lorsque la propriété ou les titres qui l'établissent, ne sont pas contestés.* Lors des discussions qui eurent lieu au sein des chambres législatives, beaucoup de membres furent frappés du peu de clarté de ces expressions et provoquèrent des explications. « Je demande à la commission, dit M. Taillandier, comment elle peut supposer qu'un procès en bornage s'établira lorsqu'il n'y aura pas de contestation sur le titre. Il est évident que si l'on pense qu'il y aura contestation sur le titre ou la propriété, il y aura lieu à procès. » M. Amilhau, rapporteur, répondit : « Lorsque le titre n'est pas contesté ou que les parties ne sont pas d'accord sur le lieu du bornage, chacun remet ses titres au juge de paix, qui fait une visite des lieux et qui ordonne que la borne sera placée en un endroit déterminé par un expert;

si l'on conteste le titre, alors c'est une question de propriété, il faut aller devant les tribunaux ordinaires. Voilà la distinction que la commission a établie. »

Ces explications sont loin d'être satisfaisantes; à plusieurs reprises on insista sur l'insuffisance du texte, sur la nécessité de l'éclaircir, de définir nettement en quoi consistent les attributions des juges de paix. Ni le Gouvernement, ni les Chambres ne s'émurent de ces observations; on ne pouvait cependant se dissimuler l'imperfection et même l'obscurité de la loi proposée; on ne se donna pas la peine d'en faire une meilleure, ni de prévenir les difficultés auxquelles pourrait donner lieu l'application. La loi fut votée telle qu'elle avait été présentée. A peine était-elle promulguée, qu'un grand nombre de commentateurs cherchèrent à l'expliquer; elle donna lieu à des interprétations très-diverses.

Il se présente au premier abord une difficulté formidable. De deux choses l'une : ou les parties sont d'accord sur la ligne qui doit séparer leurs héritages, ou elles ne sont pas d'accord. Dans le premier cas, il n'y a qu'à planter des bornes sur la ligne convenue, il n'y a pas de procès et par conséquent pas de compétence de juge de paix. Dans le second cas, les parties *contestent la propriété* du terrain compris entre les deux lignes divisoires proposées, on se trouve donc dans le cas exceptionnel prévu par la loi, et le juge de paix est encore incompétent. Donc il ne l'est en aucun cas, et la loi lui a retiré d'une main ce qu'elle lui accordait de l'autre. Par conséquent, la loi n'a rien fait et a laissé les choses dans l'ancien état.

Quoique cet argument soit très-logique, on ne peut en admettre les conclusions. Si obscure, si mal faite que soit une loi, il faut bien la subir et l'exécuter; elle a eu nécessairement un but, et ici il a été clairement et hautement avoué, c'est d'innover en matière de bornage, c'est d'accorder aux juges de paix une compétence qu'ils n'avaient pas. Il faut donc chercher à se pénétrer de l'esprit de la loi, et en étudier avec soin le texte pour déterminer l'étendue de cette compétence.

Quelques auteurs n'admettent cette compétence que dans le sens le plus restreint : le juge de paix, selon eux, est incompétent dès qu'il y a un débat quelconque sur la ligne divisoire, de sorte qu'il n'aurait à exercer son ministère que si, en l'absence de tout différend, l'une des parties se refusait à un bornage volontaire. Telle est l'opinion de M. Bélime qui enseigne (*De la Possession*, nº 214) qu'on ne doit pas entendre autrement l'article 6 de la loi de 1838, si l'on ne veut pas en contrarier toutes les expressions, non moins que toutes les règles de la compétence. « Qu'importe, dit-il, qu'il n'y ait pas alors à proprement parler de litige entre les parties? Le but du législateur, méconnu, à ce qu'il me semble, par la commission, sera facilement compris de tous ceux que le contact des campagnes a familiarisés avec les habitudes des petits propriétaires. Il n'est pas facile de les amener à borner volontairement, quand même aucune difficulté ne s'élève sur la délimitation des héritages. On leur parle, on leur écrit même, ils ne répondent pas. Mais, sur l'assignation qu'on leur donne, ils consentent à borner en payant les frais faits jusque-là. Ce sont ces espèces de contestations journalières dans les campagnes, que la loi a sagement placées dans les attributions de la justice de paix, parce qu'il était déplorable d'obliger les propriétaires à saisir un tribunal éloigné devant lequel les frais sont plus considérables. » Cet avis est aussi celui de MM. Duranton (t. V, nᵒˢ 253, 254); Demolombe (*Serv.* I, 248), Victor Fouché, *Commentaire de la loi du 25 mai* 1838, nº 279; Giraudeau, *Commentaire de la loi du 25 mai* 1838, p. 87; Rodière, *Procédure*, t. I, p. 82; Mongis, Vº *Bornage*, nº 80; Mourlon, *Répétitions écrites sur le 1ᵉʳ examen du Code Nap.*, p. 811.

D'après cette interprétation, c'est devant le juge de paix que devrait être portée l'action en bornage : mais si les parties se trouvent en désaccord sur la ligne divisoire, ce magistrat devrait se déclarer incompétent. En réalité, il ne serait pas juge en cette matière, il n'aurait qu'une mission de conciliateur. La loi ainsi entendue serait vraiment dérisoire. Ces termes « *les juges de paix connaissent de l'action en bornage* » contiennent évidemment l'attribution d'une compétence à l'effet de juger, et non pas seulement de chercher à concilier. La restriction apportée par le second membre de phrase « lorsque la propriété ou les titres qui l'établissent ne sont pas contestés, » contient une exception à la règle posée dans le premier membre. La règle est donc que le juge de paix connait comme juge de l'action en bornage, et ce n'est qu'exceptionnellement qu'il devient incompétent. — Si l'opinion des auteurs précités devait prévaloir, cette loi, loin d'être un bienfait, loin de faciliter l'exercice du droit, ne ferait que l'entraver par des complications de procédure : les parties seraient obligées de saisir d'abord de l'instance le juge de paix ; mais cette demande ne serait qu'une vaine formalité, puisque, dès la contestation élevée, ce magistrat serait incompétent, et les parties seraient renvoyées devant le tribunal de première instance, seule juridiction compétente, comme avant la loi nouvelle ; l'innovation ne consisterait donc qu'en un circuit dispendieux et frustratoire.

Pour résoudre la difficulté, il fallait se demander à quoi se rapporte la *propriété* contestée. Est-ce la propriété d'un des immeubles qu'il s'agit de borner, ou est-ce seulement la propriété du terrain litigieux compris entre les deux lignes divisoires, respectivement proposées par les parties? Dans le premier cas, il y a une question préjudicielle que le juge de paix ne peut résoudre. Si, par suite d'une instance en bornage, le défendeur oppose au demandeur qu'il n'est pas propriétaire de la pièce de terre dont il demande le bornage, si même le défendeur prétend en être propriétaire, il est clair que ce n'est plus seulement d'un bornage qu'il s'agira, mais de la propriété d'un immeuble tout entier ; et, ç'aurait été renverser toutes les règles des juridictions, que d'autoriser le juge de paix à résoudre de pareilles questions. Mais dans le second cas, la contestation sur le tracé de la ligne divisoire est de l'essence d'un procès de bornage, et le juge de l'action en bornage est nécessairement compétent pour fixer cette ligne, et par conséquent pour décider de la propriété du terrain que se disputent les deux propriétaires riverains. La loi ainsi entendue devient parfaitement claire et remplit son but : il ne s'agit que de suppléer au laconisme du texte. C'est ainsi que l'ont entendue MM. Bioche (V° *Bornage*, n°s 218 et 223) et Delahaye (*loc. cit.*, p. 344).

Plusieurs auteurs, sans adopter carrément l'une ou l'autre de ces deux interprétations, ont proposé des solutions intermédiaires. M. Masson (*Commentaire de la loi du* 25 *mai* 1838, n° 337) se rapproche beaucoup de la première. Il fait une distinction entre l'action en bornage et l'action en délimitation. « La première, dit-il, a pour objet une opération purement matérielle qui consiste à placer des bornes entre des propriétés contiguës dont les limites ne sont pas douteuses. Sur la seconde, au contraire, il s'agit de rechercher les limites inconnues à raison des anticipations successives commises sur la propriété; par cela même, elle comprend toujours, au moins implicitement, une demande en désistement qui lui est subordonnée. Or, cette demande est réelle de sa nature; elle soulève nécessairement une contestation au sujet de tout ou partie des propriétés à délimiter; le titre ou la jouissance de la partie contre laquelle elle est dirigée deviennent suspects à l'instant même où elle est formée; il faut, pour en apprécier le mérite, se livrer à l'interprétation de la possession ou des titres; il n'est pas douteux qu'elle ne peut être soumise à la juridiction des juges de paix; et sur le champ, et sur le vu de la citation, il doit se déclarer incompétent. Ainsi, en résumé, les tribunaux de paix, aux lieu et place des tribunaux d'arrondissement, connaissent, d'après la loi nouvelle, de toutes les actions qui tendent simplement à faire ordonner un bornage, soit sur la vu des titres reconnus, soit sur une possession non contestée; mais si le demandeur se plaint d'usurpations commises à son préjudice, s'il conclut au désistement d'une portion quelconque de terrain, et que pour l'obtenir il demande la délimitation des propriétés et ensuite le bornage, il se trouve alors sous l'application de l'art. 6 qui refuse au juge de paix la connaissance des actions en bornage, lorsque la propriété ou les titres qui l'établissent sont contestés. » — La distinction entre l'action en bornage et l'action en délimitation est juste; mais il est certain que fort souvent le mot *bornage* est pris dans un sens large et comprend la délimitation; il résulte des discussions auxquelles a donné lieu la loi dont il s'agit, que c'est bien dans ce sens que le mot *bornage* y a été employé. On a donc entendu conférer aux juges de paix la connaissance des actions en délimitation, sauf les restrictions. Quand les parties sont d'accord pour borner, soit d'après leur possession actuelle, soit d'après leurs titres dont il ne s'agit plus que de faire l'application, il n'y a pas de procès; et n'accorder aux juges de paix la compétence que pour ce cas, c'est ne leur en accorder aucune.

Curasson adopte la seconde interprétation, et la défend par les motifs suivants : « Le juge de paix qui est juge de l'action, est juge de toutes les exceptions qui peuvent y être opposées, à moins que la propriété du fonds ou des titres ne soit contestée. Il doit statuer sur toutes les difficultés et exceptions qui peuvent s'élever au sujet de la ligne démarcative; sa compétence ne cesse que dans le cas où la contestation porte sur la propriété même du corps d'héritage, ou sur les titres qui établissent cette propriété, et non lorsque, les titres étant reconnus, il ne s'agit que d'en faire l'application pour savoir quelle est la contenance de chacun, s'il existe une anticipation, et de quel côté. Dans ce cas, la propriété du fonds n'est point contestée, il n'y a de contestation que sur la limite à déterminer par le bornage (*Traité des actions possessoires*, p. 451). » Néanmoins cet auteur fait une restriction importante à la règle qu'il vient de poser. « Si, dit-il, sur la demande d'une partie en délimitation sur le vu des titres, l'autre s'y refuse, opposant la prescription de trente ans, ou ne voulant délimiter que d'après la possession actuelle, cette question préjudicielle peut-elle être de la compétence du juge de paix?... On doit répondre négativement. Il ne s'agit pas, en effet, de déterminer la ligne délimitative, mais de fixer le mode suivant lequel elle sera fixée; tel est le véritable sens du litige; le fond du droit est en question; il faut juger s'il doit être réglé par les titres ou par la possession de trente ans, ou la jouissance actuelle. Le débat porte donc bien réellement sur une véritable question de propriété qui ne saurait être de la compétence du juge de paix (p. 453). » Nous adoptons cette solution de Curasson, mais non ses motifs. Dans le cas dont il s'agit en dernier lieu, ce n'est pas la propriété du fonds qui est en question, mais seulement celle du terrain contesté. Le défendeur prétend qu'il possède depuis trente ans jusqu'à la limite actuelle : le demandeur ne conteste pas cette possession quant à l'ensemble du champ, il nie seulement qu'elle se soit constamment étendue jusqu'à la limite actuelle, ou bien il prétend que cette possession manque des qualités nécessaires pour faire acquérir la propriété ; mais le litige porte exclusivement sur la parcelle de terre comprise entre la ligne divisoire actuelle et celle que le demandeur veut faire adopter de préférence : il y aurait donc lieu, d'après le principe reconnu par Curasson, à maintenir la compétence du juge de paix, si la contestation ne portait que sur la propriété de ce terrain litigieux, ce qui aurait lieu, par exemple, si, en l'absence de titres, l'une des parties demandait à borner suivant la possession actuelle, et que l'autre contestât cette possession. Mais si cette dernière invoque l'autorité de ses titres, et que la première conteste cette autorité et persiste à faire prévaloir sa possession, alors la contestation portant sur les titres qui établissent la propriété d'un des immeubles à borner, et non plus seulement de la parcelle du terrain litigieux, le juge de paix cessera d'être compétent.

M. Ioccotton veut que le juge de paix ait une compétence réelle, mais sans poser de principe qui puisse servir de règle générale. « Nous pensons, dit il, que le juge de paix a le droit d'apprécier les titres des parties, lorsque ces titres sont mutuellement reconnus par elles ; de comparer la contenance indiquée dans les actes produits, avec celle démontrée par la possession actuelle de celles-ci ; de nommer des experts chargés d'arpenter les fonds contigus, pour faciliter l'application des titres et découvrir la ligne divisoire des deux propriétés. Mais si l'une des parties contestait les titres invoqués par l'autre, soit parce qu'ils ne seraient pas revêtus des formes prescrites par la loi pour leur validité, soit parce qu'elle les prétendrait dénués de force obligatoire contre elle, ou bien non susceptibles d'application aux héritages contentieux, alors se trouverait engagée une question pétitoire, et le juge de paix cesserait d'être compétent. » (*Des Actions civiles*, n° 307.)

M. Dalloz (1), bien qu'il commence par condamner la seconde interprétation, finit par l'adopter à la seule condition que la compétence du juge de paix ne s'étendra pas aux actions en revendication. « On a proposé, dit-il, un moyen de conciliation consistant à conserver au juge de paix la connaissance de l'action toutes les fois que le procès ne concernera que la portion de terrain comprise entre les deux lignes divisoires litigieuses; et il devrait se déclarer incompétent quand la contestation s'appliquera à la propriété de la pièce entière dont le bornage est demandé. Cette opinion ne peut se soutenir en présence des termes de l'article 6. La loi n'exige pas que la propriété de la pièce de terre à borner soit contestée pour le tout; elle enlève d'une manière générale au juge de paix la solution des questions de propriété qui se produisent à l'occasion d'une action en bornage, parce que de pareilles questions sortent, en règle, de la compétence de ce magistrat. Il n'y a donc pas lieu de distinguer entre le cas où la contestation a pour objet une partie seulement du terrain à borner, et celui où elle s'étend à la totalité de ce terrain. Faut-il donc conclure de là que le juge de paix cesse d'être compétent dès qu'il y a un débat quelconque sur la ligne divisoire, de telle sorte que le juge de paix n'aurait à intervenir que si, en l'absence de tout différend, les parties ou l'une d'elles se refusaient uniquement à un bornage volontaire?... Les attributions du juge de paix ne doivent pas, ce nous semble, être aussi étroitement circonscrites. Il faut rechercher si, pour trancher la

(1) *Jurisprudence générale*, 1859, 1re partie, p. 193; note sur l'arrêt de cassation du 18 mai 1859.

difficulté, il est nécessaire de résoudre une véritable question de propriété, ou seulement une question d'abornement. Or à quelles conditions le procès soulèvera-t-il une question de propriété, au lieu de rester dans les termes d'une simple instance en bornage? C'est lorsque, soit le demandeur, soit le défendeur, prétendra à à la propriété d'une portion déterminée de terrain en vertu de son titre, ou par l'effet de la prescription. La demande conserve au contraire le caractère d'une demande en bornage lorsque les parties, toutes divisées qu'elles sont sur le lieu du bornage, ne se disputent pas une étendue de terrain, un corps certain ayant une assiette rigoureusement délimitée, mais une portion variable, inconnue encore, et dont il s'agit de rechercher l'existence en excédant chez l'un des voisins et en déficit pour l'autre. Dans cette dernière action, chacune des parties est demanderesse et défenderesse; le juge peut procéder au vu des titres produits par les parties, bien qu'ils ne soient pas communs entre elles, interroger l'état des lieux, avoir même égard à la configuration des terrains respectifs pour en déterminer l'excédant sujet à restitution. Dans la première action, au contraire, le débat s'engage sur la propriété d'une portion certaine et déterminée d'immeuble. Il prend, de la part de celui qui se dit propriétaire, le caractère d'une action en revendication de propriété, et suppose chez l'adversaire une possession contraire; il y a donc ici un demandeur et un défendeur; le demandeur ne peut détruire la présomption de possession existant au profit du possesseur, qu'à l'aide de titres émanés de ce dernier et de ses auteurs, et par conséquent au moyen de titres communs aux deux parties ou à leurs auteurs. Cela posé, le sens de l'article 6 paraît facile à comprendre et à appliquer. Si l'instance formée devant le juge de paix le saisit de l'examen du droit de rechercher dans les titres de chaque partie ou dans la situation des lieux, les traces de la ligne séparative des deux héritages à borner, ce magistrat sera compétent, quoiqu'il y ait dissentiment sur l'endroit où doit se trouver cette ligne séparative, puisqu'il n'y a là qu'une action en bornage. Si, au contraire, l'opération du bornage dépend de la question préalable de savoir quelle est celle des parties qui est propriétaire de telle portion de terrain, constitutive d'un corps certain, le juge de paix est incompétent, parce qu'il y a là un procès en revendication à vider, avec toutes les conditions qui caractérisent ces sortes de procès, quant à la nature déterminée de leur objet, et quant à leurs éléments particuliers de preuve. »

La distinction que fait M. Dalloz entre l'action en revendication et l'action en délimitation est très-judicieuse et parfaitement exposée : nous avons refuté (p. 37, 40), les conséquences qu'il en tire, quant aux moyens de preuve admissibles dans l'une et dans l'autre; mais quant à la compétence, nous admettons ses conclusions et nous reconnaissons avec lui que le juge de paix sera incompétent sur l'action en revendication et compétent quand il s'agira de délimitation. Mais nous ne pouvons nous empêcher de signaler l'inconséquence de l'auteur qui commence par refuser d'une manière absolue au juge de paix la connaissance des questions de propriété, et qui finit par reconnaître sa compétence dans les actions en délimitation. Quand il ne s'agit que de rechercher les limites de deux héritages, quand les parties sont en désaccord sur la ligne divisoire et sur les moyens à prendre pour la fixer, il y a bien une portion de territoire litigieuse, dont le sort dépendra de la décision du juge, et M. Dalloz admet alors la compétence du juge de paix; donc ce magistrat a droit de statuer, en certains cas, sur des questions de propriété. La loi nouvelle lui a conféré cette juridiction en lui attribuant la connaissance des actions en bornage : et la loi, entendue autrement, n'aurait pas de sens.

Il a été rendu par la Cour de cassation plusieurs arrêts sur la question de compétence : l'importance de ces documents nous fait un devoir de les rapporter : 1° Le premier de ces arrêts est du 1er février 1842. (Olivier c. Truc ; Dalloz, 1842; I, 174.) Sur l'action en bornage, les parties sont en désaccord sur la ligne divisoire : l'une d'elles oppose un déclinatoire; le juge de paix se déclare compétent; jugement infirmatif, pourvoi en cassation. « La Cour, attendu qu'il était constaté qu'il y avait absence de titres et que les parties contestaient sur l'étendue respective de leurs héritages limitrophes, ce qui donnait évidemment lieu à une question de propriété; Rejette. »

2° Le second arrêt décide que, quand une contestation est élevée sur la propriété, le juge de paix ne peut en apprécier la valeur, quand même elle ne serait pas motivée, et qu'il doit se dessaisir. (*Journ. du Pal.*, 1843, t. I, p. 721.) « La Cour, attendu que c'est sans fondement que le jugement attaqué a considéré comme vague la question de propriété, lorsque cette contestation avait été soulevée en termes exprès, et que le juge de paix en avait lui-même donné acte; que le défaut d'indication des motifs sur lesquels l'exception de propriété pouvait être appuyée, s'explique suffisamment par la considération que leur appréciation étant, comme la propriété elle-même, hors de la compétence du juge de paix, tout développement à cet égard était sans objet, etc., Casse. » — « Cette décision, dit M. Joccotton, a d'autant plus de poids que dans l'espèce la contestation sur la propriété n'avait été déclarée qu'à une seconde audience et après un interlocutoire qui avait ordonné le transport du juge sur les lieux. La Cour de cassation a écarté ce moyen par ce motif lumineux que l'exception portant sur la juridiction du tribunal de paix, elle ne pouvait être couverte par aucun acte de procédure ou d'instruction, et que dès l'instant où elle était produite, le juge de paix devait, même de son propre mouvement, déclarer son incompétence. » (*Des Actions civ.*, n° 371.)

3° La demoiselle Dobremelle, assignée en bornage, déclara qu'elle y consentait pourvu que le bornage eût lieu dans les limites actuelles de la possession. Le juge de paix ayant rejeté le déclinatoire, il y eut appel et pourvoi en cassation. La Cour de cassation, Chambre des Requêtes, a rendu le 19 novembre 1845, l'arrêt suivant (Lesueur c. Dobremelle, Dalloz, 1846, I, 150) : « La Cour, attendu que par l'effet du bornage dont il s'agit, la demanderesse a obtenu toute la contenance que lui assurait son titre, et à laquelle elle avait elle-même prétendu; que la difficulté qu'elle a soulevée pendant les opérations du bornage relativement à la possession actuelle d'une contenance plus considérable, n'ayant point pour objet de donner à cette prétention le caractère nécessaire pour en faire un élément d'acquisition de la propriété, ne pouvait pas être considérée comme une contestation portant sur les titres et la propriété, et qu'en le déclarant ainsi, le jugement attaqué s'est conformé à la loi; Rejette. »

4° Arrêt du 25 juillet 1848 (Tastemain c. Marie; Dalloz, 1852, partie 5e, p. 55). « La Cour, attendu que Tastemain excipait, d'une part, de la prescription, et de l'autre soutenait qu'il n'existait pas de rivière sur sa pièce de terre, et que cette rivière se trouvait dans le pré de Marie dont il contestait le titre en ce qui concernait l'énonciation de la dite rivière pour limite de leurs propriétés, qu'il avait par suite conclu à ce que le juge de paix se déclarât incompétent parce qu'il s'agissait de statuer sur un droit de propriété, qu'il importait peu que la contestation sur la propriété n'ait été élevée qu'après un jugement qui avait ordonné le transport sur les lieux contentieux et après l'expertise; qu'aucune disposition de la loi n'oblige à proposer une semblable exception *in limine litis;* que d'ailleurs cette exception portant sur la juridiction d'un juge de paix, ne pouvait être couverte par aucun acte de procédure ou d'instruction, et que dès l'instant où elle était produite, le juge de paix devait même d'office se déclarer incompétent; que le consentement de Tastemain au bornage à vue des titres respectifs ne pouvait conférer au juge de paix le pouvoir de statuer sur la question de propriété qui a été ultérieurement soulevée par ledit Tastemain; d'où il suit qu'en confirmant le jugement du juge de paix, le jugement attaqué a expressément violé l'article 6 de la loi du 25 mai 1838; Casse. »

5° Arrêt du 28 mars 1855 (Delmonte c. Zampellini; *Pal.* T. I de 1856, p. 613).

« La Cour, attendu que les juges de paix sont saisis par la loi du 25 mai 1838, des actions en bornage, que l'article 6, § 2, de cette loi y met la condition que la propriété ou les titres ne soient pas contestés, mais que cette condition sainement entendue ne peut s'appliquer qu'à une contestation sérieuse qui présente quelque apparence de fondement, et non à une simple dénégation qui peut être dictée par un esprit de chicane et de mauvaise foi, que telle n'a pu être la volonté de la loi, etc.; Rejette. »

6° Arrêt du 18 mai 1859 (Maillard c. Prévost; Dalloz, 1859, I, 193). « La Cour, attendu que le juge de paix ne connait de l'action en bornage, que lorsque la propriété ou les titres qui l'établissent ne sont pas contestés; attendu que je jugement attaqué constate : 1° Que les époux Maillard et les époux Prévost avaient demandé par des conclusions précises, que le juge de paix d'Auneuil, saisi de l'action en bornage poursuivie par les défendeurs, se déclarât incompétent; 2° que cette exception était fondée sur la double articulation que l'existence des bornes qui limitaient, à l'égard des demandeurs, les propriétés contiguës, remontait à un temps antérieur à celui nécessaire pour acquérir par prescription, et aussi que, depuis la même époque, ils avaient possédé les parcelles comprises dans ces limites, ce qui suffisait pour justifier la prescription par eux invoquée, et par suite, l'exception d'incompétence; — attendu que néanmoins le même jugement a rejeté cette exception ainsi formulée, par le motif que l'existence des bornes matériellement établie n'était pas légalement reconnue et justifiée par des actes judiciaires ou extra-judiciaires; que, de plus, leur plantation était récente, qu'elles avaient pu subir des déplacements, et qu'enfin elles ne marquaient la délimitation que d'une manière incomplète; — attendu que les moyens sur lesquels le jugement attaqué fonde le rejet de l'exception d'incompétence, tels qu'ils viennent d'être déduits, se réfèrent manifestement à un litige portant sur la question même de propriété, etc.; — Casse. »

7° Un arrêt du 22 juin 1859 (Cottin c. Lasserre; Dalloz, 1859, I, 205) décide que — Lorsque, dans une instance en bornage introduite devant le juge de paix, il est reconnu que le bornage proposé par l'expert ne peut recevoir d'exécution que du consentement des propriétaires voisins, sur le terrain desquels le défendeur doit reprendre à son tour la portion de son héritage à restituer au demandeur; — le refus du défendeur d'adhérer au bornage, en raison de l'absence de ces voisins au procès, soulève une question de propriété, qui sort de la compétence du juge de paix.

8° Arrêt du 8 août 1859 (Rommier c. Benoist; Dalloz, 1859, I, 344). « La Cour, attendu que l'action en bornage n'appartient point à la classe des actions possessoires définies et réglées par les art. 23 et suiv. du Code de proc. civ., et que la compétence, soit du juge de paix au premier degré, soit du tribunal civil en appel, est, en pareille matière, subordonnée à l'absence de contestation sur la propriété ou sur les titres qui l'établissent; que cette juridiction ne peut donc, ni au possessoire ni au pétitoire, rester saisie et connaître d'une action en bornage, quand un litige met en question entre les parties la propriété ou les titres; — que, à quelque phase du procès que s'élève un tel litige, le juge de l'action en bornage doit déclarer son incompétence, sans qu'il y ait à distinguer sous ce rapport entre les deux degrés de juridiction; — attendu que, sinon devant le juge du premier degré, au moins devant le juge d'appel, le demandeur a, par des conclusions expresses, formulé une contestation de propriété et une exception d'incompétence fondée sur une possession de trente ans dont il offrait la preuve, et qui lui aurait attribué par la prescription, contrairement aux prétentions de son adversaire, une portion déterminée (80 centiares) du terrain objet de l'action en bornage; d'où il suit qu'en confirmant la sentence du juge de paix et en maintenant au possessoire le bornage ordonné par ce magistrat, tout en se déclarant incompétent pour statuer sur la contestation de propriété formulée par l'opposant, le jugement énoncé a faussement appliqué l'art. 23 du Code de proc. civ., et formellement violé l'art. 6 de la loi du 25 mai 1838; Casse. »

Remarquons que les arrêts nos 5 et 2 sont peu en harmonie :

l'un veut que le juge de paix n'ait aucun égard à une contestation vague et non motivée; l'autre, au contraire, refuse au juge de paix le droit d'apprécier le mérite d'une contestation même non motivée, et lui fait, en ce cas, le devoir de se dessaisir. Nous verrons ci-après qu'on peut facilement lever cette contradiction apparente.

Les autres arrêts, nous devons le reconnaître, ne sont pas favorables à l'interprétation que nous avons adoptée, et donnent, à certains égards, gain de cause à l'opinion des premiers commentateurs. L'arrêt n° 3 maintient la compétence du juge de paix quand le défendeur demande à borner suivant la possession actuelle, sans exciper de la prescription; et semble admettre que si le défendeur, au lieu d'émettre une prétention non motivée au bornage suivant la possession, invoquait la prescription du terrain par lui possédé jusqu'à la limite actuelle, le juge de paix cesserait d'être compétent.

Malgré l'autorité de la Cour suprême, nous ne pouvons croire que ces arrêts soient acceptés comme fixant la jurisprudence sur les questions dont il s'agit; s'il devait en être ainsi, la compétence des juges de paix en matière de bornage serait anéantie, et la loi de 1838 ne serait plus qu'un vain mot. Dès qu'on serait arrêté à cet égard, toute incertitude cesserait, et l'on n'éprouverait plus aucune hésitation sur le choix du tribunal qui doit connaître des actions en bornage. Une jurisprudence généralement admise tenant lieu de loi, ce serait, sous certains rapports, un avantage que de sortir du labyrinthe où nous a jetés une loi mal faite. Mais il s'en faut de beaucoup qu'on en soit arrivé à un tel accord; le doute règne toujours, la question n'a pas cessé d'être controversée; journellement les juges de paix se déclarent compétents dans des cas où ils ne devraient pas l'être suivant la doctrine de la Cour de cassation; et comme les pourvois en cassation en pareille matière sont excessivement rares, la doctrine contraire à celle de la Cour suprême se trouve très-souvent consacrée par des décisions qui passent en force de chose jugée. Il est difficile de déterminer quelle est la solution qui compte le plus de partisans, elle est celle qui est le plus fréquemment adoptée par les magistrats. Ceux qui persistent à croire que la loi de 1838 ne peut être frappée de stérilité et d'impuissance, ne doivent donc pas regarder leur cause comme perdue; la lutte continue, la discussion peut toujours apporter de nouvelles lumières. Aussi croyons-nous utile de présenter des solutions juridiques pour les divers cas qui peuvent se présenter.

RÈGLES DE COMPÉTENCE.

1° Le demandeur se plaint d'une anticipation commise à son préjudice par son voisin, et conclut à la restitution d'une portion déterminée de terrain, par exemple d'une bande s'étendant de tel point à tel point, ou d'une quantité fixée, comme 5 ares. — C'est une demande en revendication; le juge de paix est incompétent. On doit décider ainsi, quand même le demandeur aurait conclu au bornage, parce que le bornage n'est alors que le corollaire de la restitution demandée.

2° Le demandeur conclut, soit au bornage des propriétés contiguës, sans autre explication, soit à la délimitation et au bornage: le défendeur prétend que le demandeur a usurpé sur son terrain, que la ligne divisoire doit être reportée du côté de son adversaire, et conclut à la restitution d'une quantité déterminée de terrain. Le défendeur forme ainsi une demande incidente en revendication. Le juge de paix qui était compétent pour connaître de la demande principale, cesse de l'être et doit se dessaisir.

3° Sur une demande en bornage, le défendeur objecte que le demandeur n'est pas propriétaire de la pièce de terre dont il demande le bornage. Tant qu'il n'y a qu'une allégation de la part du défendeur, elle ne doit pas arrêter la procédure : car, comme le fait remarquer avec raison M. Demolombe (*Servitudes*, t. I, n° 249), le possesseur d'un immeuble est réputé propriétaire vis-à-vis des tiers. Mais si le défendeur offre de prouver son assertion, si par exemple il produit des titres desquels il résulte que le demandeur qui agit comme propriétaire du tout, ne l'est que d'une portion indivise, ou n'est que régisseur pour autrui, ou s'il donne d'autres genres de preuves, il devra être écouté : car il a intérêt à ne borner que contradictoirement avec le véritable propriétaire; et s'il bornait avec une personne sans qualité, il pourrait arriver ensuite que le véritable propriétaire demandât un nouveau bornage sans avoir égard à celui qui aurait été fait. Il y aurait donc, en ce cas, contestation sur la propriété de l'immeuble à borner, et par conséquent incompétence du juge de paix. A plus forte raison, devra-t-on décider de même si le défendeur met en cause celui qu'il considère comme le véritable propriétaire, et que ce dernier conteste au demandeur la propriété de l'immeuble qu'il s'agit de borner.

4° Sur une demande en bornage, aucune des parties ne demande le déplacement de la ligne divisoire : le juge de paix est compétent, puisqu'il ne s'élève aucune contestation; il doit ordonner le placement des bornes sur la ligne divisoire actuelle ; il manquerait à ses devoirs si, sous prétexte de poursuivre une amélioration qu'aucune des parties ne demande, il ordonnait l'apport des titres et l'arpentage comme moyen de rechercher les anciennes contenances.

5° Le demandeur conclut à la délimitation, c'est-à-dire à la recherche de la ligne qui doit séparer les héritages, et au bornage qui doit fixer cette ligne séparative. La demande est de la compétence du juge de paix, bien que dans le cours de l'instance les parties concluent toutes deux au déplacement de la limite actuelle et ne soient pas d'accord sur la limite à adopter. Ce qui fait l'objet de la demande primitive, ne consiste pas en une quantité déterminée de terrain, c'est une quantité inconnue au moment de la demande et qui ne sera déterminée que par suite des opérations à faire. Si, à la suite des moyens d'instruction, les parties contestent les conséquences à en tirer, si par exemple l'une d'elles prétend qu'elle a droit à une reprise de 5 ares, et que l'adversaire, non-seulement conteste cette reprise, mais prétende lui-même à une reprise de 8 ares, cette contestation n'empêchera pas le juge de paix d'être compétent. Car ni le demandeur ni le défendeur n'ont formé de demande en revendication ; tous deux n'ont conclu qu'à la délimitation ; la détermination de ce qui d'abord était indéterminé, est de l'essence de l'action en délimitation. Enlever, en ce cas, la connaissance de l'affaire au juge de paix, ce serait lui enlever la connaissance de toutes les actions en délimitation.

6° Toute demande tendant à la délimitation et au bornage, ou au bornage seulement, et non à la revendication, doit être portée devant le juge de paix. Le demandeur ne peut prévoir si le défendeur élèvera, ou non, des contestations, et si ces contestations seront, ou non, de nature à changer la compétence. Si, par suite des incidents, le juge de paix cesse d'être compétent, la demande n'en aura pas moins été valablement formée ; le juge de paix, en se dessaisissant ne peut statuer sur les dépens qui demeurent réservés et qui seront compris dans les frais de l'instance à introduire devant le tribunal de première instance. Si, au contraire, la demande par sa nature ne devait pas être portée devant le juge de paix, ce magistrat, en se déclarant incompétent, doit condamner le demandeur aux dépens.

7° Si aucune des parties n'a de titres, qu'il n'y ait pas de revendication d'une portion déterminée de terrain, et que les parties ne soient pas d'accord sur la ligne divisoire, il pourra arriver qu'une des parties oppose la prescription trentenaire et demande à être maintenue, ou qu'elle demande le bornage d'après sa possession actuelle en se contentant d'opposer à son adversaire son défaut de droits à réclamer une portion quelconque du terrain qu'elle possède. Dans ces deux cas, le juge de paix est compétent, puisque ce n'est pas la propriété d'un des immeubles à borner, qui est en question, mais seulement celle du terrain compris entre la limite actuelle et celle que veut faire prévaloir une des parties, et que cette portion est indéterminée. L'opinion contraire soutenue par Curasson et adoptée par le premier des arrêts que nous avons rapportés, ne nous semble nullement justifiée : elle suppose, en principe, que le juge de paix ne peut statuer sur aucune question de propriété, ce qui aurait pour conséquence, comme nous l'avons prouvé, d'anéantir la compétence du juge de paix en matière de bornage.

8° Par suite d'une action en délimitation et bornage, les parties n'étant pas d'accord sur la ligne divisoire, le juge de paix ordonne, soit une enquête pour rechercher s'il y a eu anticipation de part ou d'autre, soit une descente de lieux ou une expertise à l'effet d'examiner les terrains et de découvrir les traces des usurpations qui auraient pu être commises. Le juge de paix, en agissant ainsi, ne sort pas de ses attributions : il ne s'agit que de la propriété de la portion de terrain litigieuse, cette portion n'a point été déterminée d'avance par une demande en revendication ; ce magistrat ne cesse pas d'être compétent.

9° Sur une demande en bornage, une des parties demande que le bornage se fasse d'après les titres respectifs et après arpentage ; l'autre partie demande qu'on borne dans l'état des possessions actuelles. D'après l'arrêt n° 3 que nous avons rapporté, cette réponse a été assimilée à un refus de concourir au bornage, refus qui ne peut entraver l'action de la justice, et la Cour de cassation ne voyant pas là une contestation de la propriété, a maintenu la compétence du juge de paix. Cette solution peut être approuvée suivant les faits particuliers de la cause, par exemple dans le cas où une partie se contente de dire qu'elle veut garder ce qu'elle a, et refuse de donner des conclusions plus précises, de motiver ses prétentions, de répondre aux observations du juge ; alors, en effet, on ne peut pas dire qu'elle conteste explicitement ou la propriété ou les titres. Mais si une partie présentant le système que nous avons soutenu, pose des conclusions par lesquelles elle demande que les titres non contradictoires ne puissent être produits, si ce n'est comme simples renseignements, et qu'à défaut de titres émanés d'elle ou de ses auteurs, à défaut de preuves d'usurpation de sa part, elle soit maintenue dans la propriété de ce qu'elle possède, sans être tenue de prouver l'ancienneté de sa possession ; dans ce cas, cette partie élève une contestation très-sérieuse sur la force *des titres établissant la propriété* d'un des immeubles à borner, et non pas seulement la propriété du terrain litigieux. Une telle contestation entraîne donc l'incompétence du juge de paix.

10° Sur une demande en bornage, le juge de paix ordonne le dépôt des titres, sans qu'il y ait eu opposition de l'une ou de l'autre des parties ni débat sur la question de savoir quelle serait l'autorité des titres. Plusieurs sortes de contestations peuvent s'élever quant à ces titres : une partie peut soutenir, ou que le titre de son adversaire est nul en la forme, ou qu'il n'est pas propre à transmettre la propriété, ou qu'il n'est pas opposable au contestant, ou qu'il ne fait pas foi de la contenance y énoncée; ou, s'il y a plusieurs titres concernant le même immeuble et que ces titres soient en discordance sur la contenance, les parties peuvent être en désaccord sur la préférence à accorder à tel ou tel titre. Dans tous ces cas, la contestation porte sur les titres établissant la propriété d'un des immeubles à borner; le juge de paix est incompétent.

On doit décider de même quand l'une des parties prétend que les titres produits par son adversaire ne sont pas applicables à la pièce de terre à borner. M. Milet est d'un avis contraire (p 296), par le motif que, suivant lui, il n'y a lieu alors qu'à l'application et non à la contestation du titre. Mais dès qu'il s'agit d'interpréter le titre et que les parties sont en désaccord sur cette interprétation, il y a bien réellement contestation sur le titre.

11° La mise en cause des arrière-voisins ne change rien à la compétence : le juge de paix est compétent pour statuer sur les conclusions des personnes appelées et qui pourraient demander à être mises hors de cause. L'instance étant liée entre les demandeur et défendeur primitifs et les tiers appelés, il y aura à suivre, quant à la compétence, les mêmes règles que si le procès n'avait eu lieu qu'entre les deux voisins qui l'ont commencé; tout dépendra des contestations qui pourront s'élever sur la propriété ou sur les titres.

Toutefois, le propre d'une action en *délimitation*, c'est de maintenir ou de modifier les limites des héritages : il peut donc arriver que, par suite du jugement rendu sur une telle action, un champ se trouve agrandi ou diminué; mais s'il s'agit de contraindre une partie à délaisser la totalité d'une pièce de terre pour recevoir en échange une autre pièce qui ne contienne aucune parcelle du terrain de la première, ce n'est plus là une délimitation, c'est la propriété d'un immeuble entier qui est l'objet de la contestation; il y a donc là une question de propriété dont le juge de paix ne peut connaître.

12° Quand une des parties élève, soit sur la propriété, soit sur les titres, une contestation de nature à faire cesser la compétence du juge de paix, ce magistrat n'a pas le droit d'examiner si cette contestation est plus ou moins fondée; car ce serait s'immiscer dans la connaissance de questions qui sortent de ses attributions : le fait de la contestation suffit pour qu'il soit obligé de se dessaisir (arrêt n° 2 ci-dessus). Toutefois, si l'une des parties se borne à dire qu'elle *conteste la propriété* ou qu'elle *conteste les titres*, sans faire connaître la nature de sa contestation, sans donner une idée des moyens sur lesquels elle se fonde, on comprend qu'une telle déclaration n'a rien de s[illegible]x et peut être regardée comme une mauvaise chicane d'un p[illegible] qui cherche à se soustraire aux obligations que la loi lui impose; c'est ce qu'a décidé la Cour de cassation par l'arrêt n° 5 que nous avons rapporté.

13° Les règles de compétence étant d'ordre public, le déclinatoire peut être proposé en tout état de cause, même par celui qui a conclu au fond, même en appel, ainsi que l'a jugé la Cour de cassation (arrêt n° 4), et même le juge de paix doit d'office se déclarer incompétent aussitôt qu'il s'élève une contestation de la nature de celles qui placent l'affaire hors de sa juridiction.

Mais il est reconnu que les parties peuvent proroger la juridiction du juge de paix (art. 7 du Code de proc. civ.). C'est ce que peuvent faire de mieux les plaideurs. En effet, même en interprétant, comme nous le faisons, dans un sens très-large, l'article 6 de la loi de 1838, on voit que les cas d'incompétence sont très-nombreux, que la jurisprudence est loin d'être fixée sur tous les points, et par conséquent on ne sait jamais où peut conduire un procès de bornage; les seuls incidents sur la compétence peuvent donner lieu à une foule de complications de procédure extrêmement dispendieuses, et il y a grande probabilité que chacune des parties succombera sur quelque point et supportera une partie des dépens. Pour éviter ces inconvénients, le plus sage est de proroger la juridiction du juge de paix, par consentement réciproque déclaré à la première audience et avant toutes conclusions. Par là, on gagne d'abord l'avantage de savoir où l'on va, d'avoir, quoiqu'il arrive, la certitude de n'être pas ballotté entre les diverses juridictions; on y gagne ensuite d'être jugé plus promptement et à beaucoup moins de frais que devant le tribunal de première instance. La partie qui se croira mal jugée, aura la ressource de l'appel devant le tribunal civil, qui statuera en dernier ressort, tandis que si, par suite de déclinatoire, l'affaire était portée devant ce tribunal en premier ressort, l'appel serait déféré à la Cour impériale où la procédure est encore plus coûteuse, et les parties seraient obligées, dans la plupart des cas, d'aller plaider dans une ville éloignée, de charger de la défense de leurs intérêts, des avocats et des avoués, et de consumer, même en gagnant leur procès, des sommes considérables en voyages, consultations et plaidoiries.

14° Quand le juge de paix s'est déclaré incompétent, la partie la plus diligente ajourne son adversaire devant le tribunal de première instance. Cette formalité doit-elle être précédée du préliminaire de conciliation imposé à toutes les demandes par l'article 48 du Code de procédure civile ?

L'affirmative ne nous paraît pas douteuse dans le cas où la demande primitive a été mal à propos introduite devant le juge de paix, par exemple dans le cas d'une action en revendication : car alors la demande est annulée, considérée comme non avenue, et les parties se trouvent dans le même état que si elle n'eût pas eu lieu. Mais la question présente une certaine difficulté quand le juge de paix valablement saisi par une demande régulière, n'est devenu incompétent que par suite des incidents survenus. On peut dire alors que l'ajournement devant le tribunal civil n'est que la continuation de la procédure suivie devant le juge de paix, et que d'ailleurs une tentative de conciliation devant ce magistrat serait sans utilité, puisqu'il a déjà entendu les parties en leurs explications et n'a pu parvenir à les concilier. Néanmoins, et tout en reconnaissant la parfaite inutilité d'une nouvelle comparution devant le juge de paix, nous pensons que, les règles de procédure étant strictes, et l'article 48 précité ne comportant d'autres exceptions que celles qui sont formellement prononcées par l'article 49, il y aura nécessité de citer en conciliation devant le juge de paix, à moins, bien entendu, que le président du tribunal civil n'autorise à assigner à bref délai et sans l'observation du préliminaire; et il n'est pas douteux qu'une telle autorisation ne soit toujours accordée en pareil cas. Cette obligation de remplir une vaine formalité qui ne sert qu'à causer de nouveaux retards, accuse l'imprévoyance des auteurs de la loi de 1838.

Il arrive souvent que le demandeur assigne son adversaire en bornage, en déclarant que son assignation vaudra citation en conciliation pour le cas où il y aurait contestation sur les titres ou sur la propriété. Au moyen de cette précaution approuvée par Curasson (t. II, p. 458), on évite, le cas échéant, les frais et les lenteurs du préliminaire de conciliation.

15° Quelles sont les conséquences du jugement par lequel le juge de paix se déclare incompétent?... Quelques auteurs ont été d'avis que la contestation dont le juge de paix ne peut pas connaître, était portée devant le tribunal de première instance, et qu'après le jugement de ce tribunal, la question de bornage devait être de nouveau soumise au juge de paix. Mais la plupart des auteurs (1) rejettent cette opinion et décident au contraire qu'en cas d'incompétence le juge de paix est définitivement dessaisi, et que le tribunal de première instance est seul compétent pour statuer sur l'affaire. Cette solution est la seule admissible. En effet, s'il résulte de la demande ou des conclusions du défendeur, qu'il y a une action en revendication, et non pas seulement une action en bornage, le juge de paix est radicalement incompétent; l'affaire ne peut donc, à aucune phase de la procédure, être soumise à sa juridiction. Même quand l'instance n'a pour objet qu'une action en bornage, la loi ne lui en attribue la compétence que sous certaines conditions : dès que ces conditions font défaut, c'est-à-dire dès qu'il y a (suivant les explications que nous avons données) *contestation sur la propriété ou sur les titres qui l'établissent,* l'attribution de compétence cesse, et l'on rentre dans le droit commun d'après lequel les questions pétitoires sont exclusivement de la compétence des tribunaux de première instance. Ajoutons que l'opinion contraire nécessiterait un circuit de procédure que la loi a toujours pour but d'éviter, et qu'il est beaucoup plus simple que le tribunal chargé de prononcer sur l'incident, prononce aussi sur le fond.

16° Il nous reste à examiner les suites du déclinatoire proposé devant le juge de paix.

Ou ce magistrat se déclare compétent, ou il se déclare incompétent. — Dans le premier cas, si les parties se soumettent au jugement, plaident au fond, et qu'il y ait exécution du jugement rendu sur le fond, ce jugement sera irrévocable. S'il y a appel du jugement sur le fond, les parties pourront en appel soulever de nouveau la question de compétence : si le tribunal confirme le jugement par lequel le juge de paix s'est déclaré compétent, il n'en aura pas moins le droit de soumettre à un nouvel examen le jugement du fond, et soit qu'il le confirme, soit qu'il l'infirme,

(1) Curasson, t. II, p. 450; Mongis, V° *Bornage*, n° 81; Vaudoré, n° 58; Carou, n° 499.

son jugement sera en second et dernier ressort. — Si le tribunal infirme le jugement par lequel le juge de paix s'était déclaré compétent, il y aura une distinction à faire : ou le tribunal reconnait que dès l'origine la demande avait pour objet une action en revendication qui de sa nature n'était pas de la compétence du juge de paix, et alors il épuisera sa juridiction en infirmant le jugement de compétence, et condamnera le demandeur aux frais de première instance et d'appel, sauf à celui-ci à former une nouvelle demande devant le tribunal compétent; ou le tribunal reconnaîtra que l'instance ne constituant dans l'origine qu'une action en bornage, a été régulièrement portée devant le juge de paix qui n'est devenu incompétent que par suite des contestations incidemment élevées, et alors il retiendra l'affaire et connaîtra du fond, le jugement sur le fond sera en premier ressort, et il pourra en être appelé devant la Cour impériale.

Si après le jugement par lequel le juge de paix se déclare compétent, l'une des parties en appelle avant qu'il y ait eu exécution, le tribunal de première instance saisi de l'appel, pourra confirmer ou infirmer le jugement. S'il confirme, il renverra l'affaire devant le juge de paix pour être statué sur le fond; néanmoins s'il juge l'affaire en état de recevoir une décision définitive, il prononcera sur le fond en premier et dernier ressort. (Art. 473 du Code de proc. civ.) Si le tribunal infirme, il y aura lieu de faire la même distinction que ci-dessus, d'après la nature de la demande primitive; s'il la considère comme une demande en revendication, il épuisera sa juridiction en infirmant le jugement; s'il reconnaît que c'est une demande en bornage, il retiendra l'affaire pour en connaître au fond.

Dans le cas où le juge de paix s'est déclaré incompétent, si le tribunal infirme son jugement, il renverra l'affaire devant le juge de paix, à moins que le tribunal ne l'estime en état de recevoir une décision définitive, auquel cas il prononcera sur le fond en premier et dernier ressort. S'il confirme le jugement par lequel le tribunal s'était déclaré incompétent, il y aura à faire la même distinction que ci-dessus sur la nature de l'affaire, et à suivre les mêmes solutions.

17° Enfin les actions en bornage et en délimitation étant de leur nature immobilières, doivent être portées devant le tribunal de la situation des biens. (Art. 3 du Code de proc. civ.)

CHAPITRE XIII.

DES CONSÉQUENCES DU BORNAGE.

Le bornage se fait ordinairement au moyen de grosses pierres qu'on plante aux sommets des angles des lignes séparatives des pièces de terre. Pour prévenir, autant que possible, le déplacement de ces bornes, on dépose au fond des trous creusés pour les recevoir, une tuile brisée en plusieurs morceaux, ou du gravier, des tessons de bouteille, ou des objets semblables qu'on appelle *témoins*, et auxquels on donnait autrefois les noms de *perdriaux*, *filleules*, *gardes*. La garantie résultant de cette précaution consiste en ce que le malfaiteur qui voudrait déplacer la borne, éprouverait une certaine difficulté à transporter les témoins et à les replacer dans le même ordre. Cependant on conçoit que cette garantie est insuffisante, et qu'avec une certaine adresse un homme de mauvaise foi peut enlever la borne et tous ses accessoires, en ayant soin de n'en laisser aucune trace, et placer le tout dans un autre endroit, de manière que les objets se retrouvent dans le même ordre. Pour prévenir une pareille fraude, le mieux est de dresser un procès-verbal qui doit être fait en autant d'originaux qu'il y a de parties, et signé d'elles, et par lequel un géomètre décrit minutieusement l'état des pièces de terre bornées, leur contenance, la longueur des côtés, les angles, les endroits où les bornes sont placées, la forme des bornes, les témoins; l'essentiel est de déterminer la position des bornes par rapport à des points de repère fixes; pour trouver de tels points, on prend l'intersection du plan horizontal avec certaines lignes verticales immuables et faciles à retrouver, telles que l'axe d'un clocher ou d'une croix située à l'angle de chemins publics, l'encoignure d'un édifice public, etc.; on peut encore déterminer la position des bornes par des perpendiculaires menées à des chemins bien alignés et en des points fixés par leur distance aux bornes kilométriques. En prenant de telles précautions, on pourra toujours retrouver avec une parfaite exactitude l'endroit précis où les bornes ont été mises, et constater les déplacements qui pourraient être faits.

Quand un bornage a eu lieu ainsi contradictoirement, nul ne peut demander un nouveau bornage, puisque chacun est lié par celui qui a été fait et auquel il a pris part, et qu'une nouvelle demande serait sans objet.

Mais devra-t-on décider de même s'il existe des bornes sans qu'il y ait de procès-verbal constatant qu'elles ont été posées avec le concours des parties?... A cet égard, il y a des distinctions à faire.

Si les bornes existent depuis un temps immémorial, c'est-à-dire que personne n'ait souvenir d'un temps antérieur, et qu'aucun document n'en fasse connaître l'origine, on doit présumer qu'elles ont été placées du consentement des riverains; le défaut de protestation de part et d'autre équivaut à un consentement; alors les limites de chacune des pièces de terre entre lesquelles se trouvent les bornes; sont fixées par une possession plus que trentenaire. Il n'y a donc pas lieu à une action en bornage. On ne pourrait pas objecter que les bornes n'étant pas déterminées au moyen de procès-verbaux, ont pu être déplacées et qu'il n'y a pas de garantie que les limites sont restées constantes. Le déplacement de bornes est un délit qui ne se présume pas; l'existence des bornes est un fait patent, significatif; c'est un signe constant de délimitation qui doit être accepté jusqu'à preuve contraire. — Toutefois nous pensons qu'il y a lieu alors à une action en reconnaissance de bornes : chacun des voisins a intérêt à ce que le bornage soit constaté régulièrement et de manière à prévenir toute difficulté. On pourra donc demander que, tout en conservant les bornes qui existent, il soit dressé un procès-verbal qui les décrive et en détermine la position d'une manière immuable.

M. Dalloz enseigne (V° *Bornage*, n° 20) que, lorsque des bornes existent entre deux fonds contigus, il y a présomption qu'elles ont été placées avec le consentement des deux propriétaires voisins, et que c'est à celui qui intente l'action en bornage, nonobstant cette démarcation, à prouver qu'elle a été établie sans son consentement. Il cite à l'appui de cette opinion, deux arrêts, l'un de la Cour d'Aix du 17 juillet 1838 (Gautier c. V° Ricard), où il est dit, entre autres motifs, « qu'on ne concevrait pas que des signes apparents qui déposeraient tous les jours et à tous les yeux, de la division des héritages, dussent être méconnus ; » l'autre de la Cour de Besançon du 10 mars 1828, (Ravenet c. Rivière), par lequel il a été jugé que, pour que cette présomption puisse être invoquée, il suffit que les bornes existent depuis un an. — M. Dalloz trouve juste cette dernière solution. « On ne saurait, en effet, dit-il, admettre qu'il pût dépendre de l'un des voisins de changer, par ses entreprises, la position de l'autre voisin. Il fallait nécessairement fixer un délai après lequel ce dernier serait censé avoir approuvé la démarcation, et le terme que la loi a adopté pour les actions possessoires nous semble convenable (1). Mais la Cour de Besançon est allée plus loin : elle a jugé qu'après le délai d'une année, la revendication est seule recevable (même arrêt).

(1) C'est aussi l'avis de M. Carou : « Lorsque des bornes ont été placées de concert par les propriétaires de deux terrains contigus, ou lorsque le placement en a été ordonné par jugement après contestation, ces bornes fixent les droits respectifs des deux propriétaires, et *c'est au surplus toujours la présomption qu'elles emportent quand elles existent depuis plus d'un an*, et c'est pour cela que leur déplacement peut donner lieu à l'action possessoire. On suppose que les droits respectifs des deux parties ont été à l'avance établis ou reconnus : des bornes avaient été placées comme indication de ces droits, et fixaient la limite des deux propriétés. » (*Traité des actions possessoires*, n° 271.)

Or, cette doctrine ne nous paraît pas exacte. Qu'il résulte de l'existence prolongée de la démarcation, qu'elle a été censée approuvée par les demandeurs en bornage, rien de plus équitable. Mais ce n'est là qu'une simple présomption qui peut être détruite par des présomptions contraires, et à plus forte raison par des preuves formelles ; et cette présomption détruite : il ne reste rien pour le juge qui doive l'empêcher d'accueillir la demande en bornage (n° 21). »

Nous ne pouvons souscrire à cette doctrine. Un bornage non contradictoire ne peut avoir plus d'effets que n'en aurait la clôture : or, tant qu'il ne s'est pas écoulé depuis le fait de la clôture, le temps nécessaire pour prescrire, le voisin peut demander que, sans y avoir égard, il soit procédé à une nouvelle délimitation, et sa demande remettra en question la ligne divisoire. Il en sera de même en cas de bornage non contradictoire. Le voisin ne peut être réduit à faire une preuve négative : hier les bornes n'existaient pas, aujourd'hui elles existent ; qui les a posées, il n'en sait rien ; tout ce qu'il sait, c'est qu'il y est étranger. Il serait injuste de le mettre dans l'alternative, ou de prouver qu'il n'y a pas donné son consentement (preuve souvent impossible), ou de subir une délimitation préjudiciable à ses intérêts. En pareil cas, il fera sagement de protester immédiatement, ou au plus tard dans l'année, par une action au possessoire. Mais s'il ne le fait pas, la seule conséquence de son inaction, sera la déchéance de l'action possessoire. Il lui reste, pendant trente ans à partir de l'œuvre de la plantation des bornes, le droit d'agir au pétitoire ; et l'action en bornage, comme nous l'avons dit, tendant éventuellement à une nouvelle délimitation des héritages et par conséquent à une déclaration de propriété de quelques portions de terrain, est pétitoire de sa nature. Ce n'est donc qu'au bout de trente ans que l'existence des bornes non contradictoires sera une fin de non recevoir contre une demande en bornage.

Si les bornes ont été posées d'un commun accord, sans procès-verbal, et que le fait remonte à plus de trente ans, on devra décider comme dans le cas précédent. Mais s'il s'est écoulé moins de trente ans et qu'une des parties demande un nouveau bornage, sans avoir égard à l'existence des bornes, pourra-t-on lui opposer son consentement? Nous ne le pensons pas. La loi exige qu'il soit passé acte de toutes conventions concernant des objets dont la valeur dépasse cent cinquante francs, et interdit de suppléer au défaut d'écrit par la preuve testimoniale. (Art. 1341 du Code Nap.). Les mêmes règles s'appliquent aux cas où il s'agit d'objets d'une valeur indéterminée, comme par exemple d'un terrain, si exigu qu'il soit. Mais dès que les bornes remontent à plus de trente ans, elles suffisent pour déterminer de part et d'autre une possession publique et incontestée, chacun des voisins se trouve donc avoir acquis la prescription de tout le terrain s'étendant jusqu'à la ligne fixée par les bornes.

Enfin il peut arriver que les bornes aient été posées par un propriétaire sans le concours de ses voisins. Il faut distinguer s'il les a posées sur le terrain qu'il possède, ou si, dépassant la limite de sa possession, il a posé les bornes sur le terrain de son voisin. — Dans ce dernier cas, il y a une atteinte portée à la propriété d'autrui, et un fait d'usurpation. Le voisin a incontestablement le droit de faire enlever les bornes indûment posées. Mais nous ne pensons pas qu'il puisse les enlever lui-même : ce serait une voie de fait qui pourrait donner lieu à une action en réintégrande de la part de l'auteur de la pose des bornes. Le voisin devra recourir à l'autorité des tribunaux : il pourra agir au possessoire pour faire ordonner que les bornes soient enlevées et qu'il soit rétabli dans sa possession telle qu'elle existait avant le placement de ces bornes; il pourra aussi, si bon lui semble, demander que, sans avoir égard aux bornes posées sans son concours, il soit procédé d'une manière régulière et contradictoire aux délimitation et bornage des héritages. Toutefois il faut remarquer que, comme il est interdit de cumuler le possessoire et le pétitoire (art. 25 du Code de proc. civ.), le demandeur ne pourra réunir les deux instances. S'il prend le premier parti, ce n'est qu'après le jugement sur l'enlèvement des bornes et sur la réintégration dans sa possession, qu'il pourra former sa demande en délimitation. Si au contraire il préfère s'en tenir à celle-ci, il sera tenu de laisser, pendant l'instance, l'auteur de la pose des bornes en possession provisoire du terrain usurpé, sauf à conclure à des restitutions de fruits et à des dommages-intérêts.

Si un propriétaire pose des bornes aux limites de sa possession et sur son propre terrain, il n'y a rien à lui dire : il use de son droit; il pouvait se clore (art. 647 du Code Nap.), à plus forte raison peut-il se borner, ce qui constitue une clôture partielle et imparfaite. Si le voisin prétend avoir des droits sur une partie du terrain ainsi borné, il agira, soit en revendication en déterminant la portion de terrain qu'il croira lui appartenir, soit en délimitation et bornage, nonobstant les bornes posées. S'il laisse écouler plus d'un an depuis la pose des bornes, il sera privé de l'action possessoire, et il ne pourra agir qu'au pétitoire : son action, dans ce dernier cas, dure trente ans; mais après ce délai, elle ne sera plus recevable. Le propriétaire sur le champ duquel se trouvent les bornes, même placées sans le concours de ses voisins, peut invoquer la prescription. Et l'on ne sera pas fondé à lui objecter que sa possession a pu varier et s'agrandir par des anticipations lentes et graduelles, puisque les bornes, comme une sentinelle vigilante, ont constamment déterminé les limites de sa possession. — On ne pourra non plus objecter qu'en principe l'action en bornage est imprescriptible, c'est-à-dire qu'un propriétaire, bien qu'ayant laissé passer un temps quelconque sans demander le bornage, a toujours le droit de l'exiger. Ce principe est vrai, mais il ne peut être appliqué quand un bornage existe déjà : or, dans le cas dont il s'agit, il y a un bornage qui, irrégulier dans l'origine, a acquis, par le temps et à défaut de contradiction des voisins, la même valeur que s'il eût été fait avec leur concours.

Telle paraît être l'opinion de Pardessus qui s'exprime ainsi : « Les bornes que le propriétaire fait poser sans le concours de son voisin, ne peuvent engager celui-ci, quoi qu'en dernier résultat ce travail se trouve exact : quelle que fût la profession ou la fonction de ceux qui auraient opéré ce bornage, sans autorité de justice, l'opération ne serait qu'une voie de fait, et l'existence de ces bornes ne serait pas une preuve, *si elle n'était soutenue d'une possession suffisante (Serv.,* n° 119). » Cet auteur cite un arrêt de rejet de la Cour de cassation du 27 juin 1814 (Sirey, 1814, I, p. 204). — Rolland de Villargues, s'exprime ainsi sur cette question : « L'existence de bornes, non soutenue par titres ou possession suffisante, ne serait pas un obstacle à l'action en bornage, car personne n'a le droit de se borner lui-même (V° *Bornage,* n° 10). » Cet auteur reconnaît donc que s'il y a possession suffisante, les bornes, bien que posées sans le concours des voisins, devront être maintenues et qu'il y aura alors une fin de non recevoir contre la demande d'un nouveau bornage. La dernière proposition est beaucoup trop absolue et aurait eu besoin d'explications. Si l'auteur a entendu par là que nul ne peut se faire un bornage ayant la même autorité qu'un bornage contradictoire, il a raison : mais il n'est pas exact de dire qu'un propriétaire auquel personne ne dénie le droit de se clore, ne puisse planter des bornes sur son propre terrain : seulement, en le faisant sans le concours de ses voisins, il agit à ses risques et périls, et s'expose à ce que ses bornes soient enlevées par autorité de justice, si sur la demande d'un de ses voisins, il est reconnu qu'elles n'ont pas été posées où elles devaient l'être. (Voir ci-après l'opinion de M. Mongis.)

Chez les Romains, les bornes considérées comme les gardiens de la sécurité de la propriété, étaient placées sous la protection du dieu Terme, leur suppression ou déplacement était regardé comme un sacrilége, et le coupable était noté d'infamie. (L. 2 au Dig., *De termino moto.*) La loi actuelle, sans être aussi sévère, punit ce délit de peines fort graves : « Quiconque aura déplacé ou supprimé des bornes ou pieds corniers, ou autres arbres plantés ou reconnus pour établir des limites entre différents héritages, sera puni d'un emprisonnement qui ne pourra être au-dessous d'un mois, ni excéder une année, et d'une amende égale au quart des restitutions et des dommages-intérêts qui, dans aucun cas, ne pourront être au-dessous de 50 francs. » (Art. 456 du Code pénal.)

La partie au préjudice de laquelle le délit a été commis, a le choix de prendre la voie criminelle, et alors elle cite directement le délinquant devant le tribunal de police correctionnelle, ou la voie civile ; dans ce dernier cas, elle peut, ou intenter une action possessoire tendant à faire rétablir les bornes dans l'état où elles étaient, ou former une action en bornage.

Mais si les bornes n'avaient pas le caractère légal, si par exemple elles n'avaient pas été placées contradictoirement, la suppression ou le déplacement qui en serait fait, constituerait-il le délit prévu par le Code pénal ?... Plusieurs auteurs se prononcent négativement et n'accordent en ce cas que l'action civile : tels sont Perrin (nº 930) et les auteurs du *Répertoire du Journal du palais* (Vº *Bornage*, nº 104). M. Mongis fait une distinction. « La plantation de bornes, dit-il, pour être régulière, doit être faite contradictoirement entre les deux propriétaires. Mais s'il arrive qu'elle n'ait eu lieu que par le fait d'un seul propriétaire, le voisin qui n'y a pris aucune part, aura-t-il le droit de les détruire sans s'exposer à aucune poursuite ? D'après les auteurs du nouveau Dénizart, il faut distinguer : oui, il le pourra, bien qu'en général il ne soit pas permis de se rendre justice soi-même, s'il n'y a pas un an et un jour que les bornes sont plantées. Mais si elles existaient dès cette époque avec les caractères légaux de la possession, la destruction entraînerait contre son auteur une action possessoire, et donnerait même, pour le cas où elle aurait eu lieu avec violence, ouverture à la réintégrande (*Encyclopédie du droit*, Vº *Bornage*, nº 72). »

Il nous semble que cet auteur laisse trop facilement fléchir le principe qu'on ne peut se faire justice soi-même, principe conservateur de la paix publique. Même quand les bornes existent depuis moins d'un an, le voisin ne peut, de son autorité privée, décider qu'elles ne sont pas placées où elles devaient l'être, ni se permettre de les enlever : c'est aux tribunaux qu'il doit demander le redressement du tort qui peut lui être fait. Remarquons que l'art. 456 que nous avons cité, met sur la même ligne et punit des mêmes peines celui qui enlève ou supprime des bornes, et celui qui « en tout ou en partie, comble les fossés, *détruit les clôtures*, de quelques matériaux qu'elles soient faites, coupe ou arrache des haies vives ou sèches. » Les mêmes règles d'interprétation doivent donc servir à apprécier ces deux ordres de faits qui ont du reste la plus grande similitude. Or, celui qui se rend coupable de bris de clôture, ne pourrait, pour se justifier, alléguer qu'elles ont été placées sur un terrain qui lui appartenait : au civil, du moins, il devrait, malgré son exception, être condamné pour voie de fait, à des dommages-intérêts. Au criminel, nous concevons qu'une interprétation plus douce doive l'emporter, et que, comme l'intention criminelle est une condition essentielle du délit, on ne considère pas comme passible de peines celui qui a pu croire qu'il ne faisait que reprendre son bien. Ainsi il a été jugé par la Cour de cassation que si celui qui a été poursuivi pour avoir abattu un mur de clôture construit par un tiers, soutient qu'il est propriétaire du terrain sur lequel ce mur a été élevé, cette défense constitue une question préjudicielle dont la connaissance doit être renvoyée aux tribunaux civils (8 janvier 1813; Copens, *Pal.*, 3e éd. T. XI, p. 15). Maugin, (*Traité de l'action publique*, no 210), est d'avis que si le plaignant excipe de sa possession annale, comme cette exception est aux yeux de la loi une présomption juridique de propriété, et que la loi veut que cette présomption soit respectée jusqu'à ce que la présomption légale ait été détruite par un jugement rendu au pétitoire, le prévenu du délit commis au préjudice de ce possesseur ne sera pas recevable à exciper d'un droit de propriété sur le terrain objet de ce délit, et à demander qu'il soit sursis au jugement de la prévention.

Ces motifs sont applicables au déplacement de bornes; si donc les bornes existaient depuis un an, celui qui les enlève ou les déplace, se rend coupable d'un délit et ne peut exciper de son droit de propriété sur le terrain où les bornes ont été plantées; car il ne peut ignorer que par ce fait de violence il porte atteinte à une possession annale et qu'il renverse les signes de démarcation de cette possession qui a droit d'être respectée tant que les tribunaux n'ont pas condamné le possesseur au délaissement. Enfin, même quand les bornes ont moins d'un an d'ancienneté, leur enlèvement constitue encore un délit : seulement c'est alors que les tribunaux peuvent avoir égard aux circonstances, apprécier si l'auteur du fait a pu se croire propriétaire du terrain, et admettre son exception tendant à faire décider au préalable par les juges civils la question de propriété.

Peut-on prescrire au-delà des bornes?... Pour la négative, on a allégué que le propriétaire ne pouvait de bonne foi posséder au-delà des limites tracées d'une manière nette et évidente : *lapides perpetuò clamant hic ager meus est, ille tuus.* — Le droit romain, malgré son grand respect pour les bornes, admettait la prescription trentenaire pour prescrire au-delà. (L. *ultima, Cod., Finium regundorum.*) Dans notre droit actuel, la même solution est admise presque généralement. La possession, même de mauvaise foi, si elle est prolongée pendant trente ans, fait acquérir la prescription. La possession peut encore avoir lieu de bonne foi dans plusieurs cas, si par exemple un des voisins acquiert sans titre une parcelle au-delà de la ligne déterminée par les bornes. La possession aura même alors l'avantage de ne pouvoir être combattue par l'objection qu'elle a pu résulter d'anticipations successives; car la ligne séparative des héritages étant tracée d'une manière fixe et parfaitement apparente, il est facile à chacun des propriétaires de s'apercevoir si son voisin étend sa possession au-delà de cette ligne, et même de mesurer de l'œil, à peu de chose près, de combien il la dépasse.

« Nous pensons, dit M. Dumay, que de même que l'on peut prescrire une contenance supérieure à celle portée dans ses titres, on peut aussi prescrire au-delà de ses bornes, et qu'en outre, lorsque les bornes sont apparentes, elles rendent admissible la preuve de possession et par suite la prescription d'un certain espace de terrain situé au-delà, qui, sans cette circonstance, n'eût pu être acquis par ce moyen. Si des témoins venaient, en effet, déclarer que pendant trente ans ils ont vu un propriétaire tracer plusieurs sillons au-delà de ses bornes, de telle sorte que celles-ci étaient toujours, non à la limite de son champ, mais au tiers ou au quart de sa largeur, leur déclaration serait vraisemblable et devrait inspirer la plus grande confiance, parce que le souvenir du fait qu'ils attesteraient, se rattacherait à quelque chose de fixe et qu'ils ont dû remarquer en raison même de sa singularité. (*App.*, p. 14.) »

Les auteurs du *Répertoire du journal du palais* (V° *Bornage*, n° 170), admettent, dans ce cas, non-seulement la prescription de trente, mais aussi celle de dix et vingt ans. Cette opinion est parfaitement fondée. En effet, supposons qu'un propriétaire usurpe une certaine quantité de terrain au-delà des bornes, et vende son champ en y comprenant toute la portion s'étendant au-delà des bornes, et que cette portion soit déterminée dans l'acte de vente, l'acquéreur ayant juste titre et bonne foi, réunira toutes les conditions pour prescrire par dix ou vingt ans.

La prescription au-delà des bornes est également admise par Favard de Langlade (V° *Servitude*, à la fin du § 2), Duranton (t. V, n° 260, 3e alinéa), Pardessus (*Serv.*, n° 124, dernier alinéa), Paillet (p. 667), Dalloz (V° *Bornage*, n° 54), Perrin (n° 914); elle est combattue par Fournel (V° *Anticipations*, p. 100) et par M. Milet (p. 396).

On voit que le bornage n'a pas toujours le pouvoir de tarir la source des difficultés et des procès : néanmoins les chances en seront considérablement réduites. Une fois les bornes placées, la moindre anticipation est aussitôt visible : le propriétaire qui ne la réprimerait pas immédiatement, serait coupable d'incurie et ne pourrait imputer qu'à lui-même les conséquences d'usurpations qu'il lui était si facile d'empêcher.

CHAPITRE XIV.

DES FRAIS DE BORNAGE.

« Le bornage se fait à frais communs (art. 646 du Code Nap.) » Cette règle est fort juste, puisque l'opération a lieu dans l'intérêt commun des propriétaires. Ces mots *à frais communs* indiquent bien que tous les propriétaires intéressés doivent participer aux frais, mais non pas qu'ils doivent y contribuer également. La loi n'a posé qu'un principe, sans donner de détails pour l'application : c'est en consultant l'équité qu'on peut suppléer à ce défaut d'explications. Or, parmi les frais de bornage, il en est qui sont indépendants de l'étendue des pièces de terre bornées, d'autres qui sont proportionnels à la superficie. Partant de là, on peut considérer comme légitime d'adopter les règles suivantes :

Les frais de chaque borne seront partagés également entre tous les propriétaires dont cette borne sert à limiter les héritages ;

Les frais d'arpentage et de levée de plans seront répartis entre eux proportionnellement aux superficies de leurs pièces de terre.

Ces règles seront suivies, soit que le bornage ait lieu à l'amiable ou en justice.

En cas de bornage judiciaire, les frais de l'instance doivent être supportés par égales portions par les parties. Peu importe que l'une d'elles, en se refusant à un bornage amiable, ait rendu nécessaire une instance qui aurait pu être évitée ; peu importe même qu'elle ait mis dans son refus de l'obstination ou du mauvais vouloir : les pourparlers, les correspondances n'ont rien d'officiel et ne peuvent suffire pour mettre légalement une partie dans son tort ; elle peut toujours alléguer qu'elle ne consent au bornage qu'autant que les limites auront été régulièrement fixées. Une situation pareille a lieu en matière de partage : soit qu'une des parties, par son état de minorité ou pour tout autre cause d'incapacité, ne puisse concourir à un partage amiable, soit que des parties majeures et jouissant de leurs droits, se refusent, même sans motif plausible, à un tel partage, le partage judiciaire n'en sera pas moins aux frais de tous les intéressés.

Toutefois, il y a entre ces deux matières une différence importante. Celui auquel un partage amiable est proposé, peut alléguer valablement pour motif de son refus, que la proposition ne contenait pas les moyens de réaliser le partage d'une manière complète, qu'il n'était pas satisfait du lotissement proposé, qu'il n'avait pas confiance dans les experts indiqués et que nul ne pouvait lui imposer, qu'il préfère suivre de point en point la marche protectrice tracée par le Code de procédure. — En matière de bornage, au contraire, la proposition peut être nettement définie : on peut, par acte extra-judiciaire, sommer un voisin de concourir à la plantation de bornes qu'il s'agirait de poser sur la ligne séparant actuellement les héritages, et qui serait proposée pour limite définitive. S'il refuse d'obtempérer à cette sommation, qu'il s'ensuive la nécessité d'une instance en bornage, et qu'il soit reconnu par le tribunal que la ligne proposée comme divisoire doit être acceptée, il devra, ce nous semble, être condamné aux frais, non du bornage, mais de l'instance causée par son refus.

De même, si dans le cours de l'instance, une partie présente une ligne pour limite et demande qu'il y soit planté des bornes, si son adversaire la conteste ou même refuse de l'accepter, et que cette ligne soit admise par le tribunal, cet adversaire devra supporter tous les frais qu'il aura occasionnés par sa résistance injuste. « L'offre qui lui a été faite (dit M. Solon) et qu'il a refusée, élève une contradiction, un procès dans lequel il succombe et dont par conséquent il doit supporter les frais (art. 130 du Code de proc. civ.). Nous devons ajouter que le refus de consentir au bornage est très-souvent un acte de mauvaise foi, et toujours un oubli de ces convenances que le bon voisinage réclame, et pour l'observation desquelles les juges ne sauraient se montrer trop sévères; c'est surtout dans ce cas que la justice doit se rappeler de ne rien accorder à la méchanceté et au caprice, *malitiis hominum non indulgendum* (*Serv.*, n° 78). »

S'il existe des bornes qui n'aient pas été plantées avec le concours de toutes les parties intéressées, ou même si elles ont été plantées avec ce concours, mais sans que l'opération ait été constatée par un procès-verbal régulier, si l'un des propriétaires riverains demande qu'il soit procédé à la reconnaissance et à la description de ces bornes et à une constatation par un procès-verbal en règle, ces opérations seront à la charge de toutes les parties, comme aurait été le bornage dont elles sont le complément : il en sera de même de frais de l'instance ayant pour but de faire exécuter ces travaux. Mais si un des propriétaires demande que, sans avoir égard aux bornes existantes, il soit procédé à une nouvelle délimitation et à un nouveau bornage, il devra supporter une part de frais, comme étant débouté de conclusions reconnues mal fondées.

En général, celui qui succombe sur un incident, doit être condamné aux frais de cet incident, lesquels par conséquent ne seront pas compris dans les frais de l'instance en bornage à partager entre toutes les parties (Toullier, t. III, n° 180).

Mais que doit-on décider dans le cas où une partie élève une contestation qui ne donne lieu à aucune augmentation de frais, et où un seul jugement la déboute de ses conclusions et statue sur le bornage?... On pourrait dire que les frais de l'instance en bornage étant à la charge commune des parties, et ces frais étant demeurés ce qu'ils auraient été sans la contestation, il y a lieu d'en faire masse et de les partager entre les parties. Néanmoins nous pensons que le tribunal ayant à appliquer tout à la fois l'art. 646 du Code Nap., qui décide que le bornage se fait à frais communs, et l'art 130 précité du Code de proc. civ., d'après lequel la partie qui succombe doit être condamnée aux dépens, peut, s'il le juge convenable, distraire de la masse des dépens une certaine portion pour la mettre à la charge de la partie dont les conclusions sont rejetées : en décidant ainsi, surtout quand il s'agira de prétentions déraisonnables, de difficultés évidemment dictées par la chicane et par la mauvaise foi, on entre dans l'esprit de la loi qui est de punir le plaideur téméraire ou obstiné.

CHAPITRE XV.

CONSEILS PRATIQUES AUX PROPRIÉTAIRES DE BIENS RURAUX, RELATIVEMENT AU BORNAGE.

I. Bien des propriétaires, quoique leurs champs ne soient ni clos ni bornés, vivent en paix avec leurs voisins, ont une salutaire horreur du grimoire judiciaire et de la chicane, et de leur vie n'ont mis le pied dans un palais de justice ni dans l'étude d'un avoué. Que le bon Dieu les bénisse, car il est écrit : « Heureux les pacifiques,... *ils posséderont la terre* (Mat., V.) » Pourtant il est bon de se prémunir contre tout ce qui pourrait troubler cette douce quiétude. Nul ne peut répondre qu'un jour ou l'autre, le hasard ne lui donnera pas pour voisin un homme avide, peu scrupuleux, enclin à empiéter sur le bien d'autrui, ou un fin matois qui, ayant entendu parler du parti qu'on peut tirer des titres, cherchera dans cet ingénieux système un moyen d'agrandir son patrimoine. Quand même votre bonne étoile vous préserverait de pareils voisins, il ne faut qu'un individu processif, soufflé par quelque praticien véreux, pour allumer dans vos campagnes le feu de la discorde ; et grâce à la doctrine suivie par bon nombre de juges de paix, vous voilà contraint de guerroyer, condamné aux tourments et aux dangers d'une procédure colossale, tremblant de voir mises en question les limites séculaires de vos champs, et de recevoir le contre-coup de quelque *refoulement*...

Pour conjurer tous ces périls, n'hésitez pas à vous borner: en vous imposant un léger sacrifice, vous gagnerez une sécurité complète.

II. Quand vous serez décidé à borner, n'allez pas débuter par l'envoi d'un huissier à vos voisins : faites en sorte, au contraire, que les hommes de loi n'interviennent pas dans vos affaires. Allez trouver vos voisins; exposez leur tout bonnement votre intention; il ne vous sera pas difficile de leur faire comprendre que l'opération proposée est dans leur intérêt aussi bien que dans le vôtre, et qu'il vaut mieux pour vous tous, régler tout à l'amiable, que de recourir à l'intermédiaire dispendieux et peu récréatif des gens qui vivent de procès.

Une fois que vous vous serez bien entendus sur le but, il faudra convenir de la marche à suivre et des moyens d'exécution.

Quant au premier point, fermez l'oreille aux conseils de ceux qui pourraient vous engager à recourir aux titres : car ce serait compromettre la bonne union, et risquer de vous aventurer dans un labyrinthe inextricable. Comme vous ne connaissez pas d'avance les titres de vos voisins, vous ne pouvez prévoir si en répartissant les contenances des champs à borner, d'après les indications données par les titres, vous auriez à gagner ou à perdre : le plus sage est donc de vous en tenir à ce que vous possédez. D'ailleurs les contenances des titres n'étant jamais en parfaite conformité avec les possessions, le recours aux titres entraînerait nécessairement des changements dans les lignes séparatives des héritages, et par suite le délaissement, par quelques-unes des parties, de portions plus ou moins considérables de terrains. Or, il est bien rare qu'on se décide facilement à un sacrifice : les paysans surtout tiennent fortement à leurs terres, et ce n'est que contraints par la nécessité, qu'ils en abandonnent la moindre parcelle. Si donc vous en appelez aux titres et qu'il en résulte pour vos voisins l'obligation de vous céder quoique ce soit, il n'est guère probable qu'ils y consentent de gaîté de cœur; ils feront des objections, ils iront consulter, ils ne manqueront pas de conseillers qui approuveront leur résistance, ils diront qu'*il faut en voir plus long :* dès lors, vous êtes perdu ; les exploits vont se mettre de la partie, et pour une méchante raie de terre, voilà un procès qui va vous causer mille soucis, mille tribulations, et vous coûtera souvent plus que ne vaut votre champ tout entier.

Evitez ce danger : laissez, croyez-moi, vos parchemins dormir dans votre tiroir, et prenez simplement pour règle de borner dans l'état actuel de vos possessions respectives.

Je suppose, bien entendu, le cas le plus ordinaire, celui où ni vous ni vos voisins n'avez à vous plaindre d'aucune usurpation, n'avez aucun sujet de croire qu'il en ait été commis de part ou d'autre. S'il en était autrement, il y aurait au préalable à réparer l'usurpation commise. Vous pourriez, pour cela, choisir chacun un arbitre en prenant pour remplir cette mission, non des hommes de loi, mais des braves gens du voisinage, des hommes conciliants, expérimentés, consciencieux. Vous rédigerez un compromis : les arbitres se rendront sur les lieux, chercheront à vous mettre d'accord; s'ils n'y parviennent pas, ils entendront les témoins, se feront rendre compte des circonstances, recueilleront tous les renseignements sur le fait de l'anticipation, et enfin décideront s'il y a lieu à restitution et en quoi elle consiste, et rétabliront la ligne séparative telle qu'elle était avant l'usurpation. Tout cela pourra se faire sans frais, et en un jour; et soyez sûr que vos arbitres campagnards vous auront rendu meilleure justice que n'auraient fait les beaux messieurs de la ville, ferrés sur le droit romain et le droit coutumier.

Une fois l'usurpation réparée sans bruit ni colère, vous voilà, j'espère, redevenus bons amis, bien fixés sur les limites de vos héritages, et tout prêts à borner amiablement.

III. Du moment que vous êtes d'accord sur les lignes séparatives des héritages, l'opération du bornage est des plus simples. Vous n'avez qu'à choisir de grosses pierres, un peu longues, et dont la forme se rapproche autant que possible de celle d'un prisme ou d'une pyramide tronquée. A chacun des angles, vous creusez un trou pour recevoir une de ces pierres. Avant de l'y mettre, vous y déposez des *témoins* suivant l'usage du pays, par exemple une tuile cassée en trois morceaux ; puis vous y enfoncez solidement la pierre qui doit faire saillie au-dessus du sol, de manière à être visible à tous les regards. Vous pourrez faire tout cela vous-même, sans frais, et même sans le concours d'un géomètre.

Souvent on se contente de bornages ainsi faits, et il en existe un grand nombre qui ne donnent lieu à aucune difficulté. Cependant nous en avons fait voir l'insuffisance (p. 156) : il serait à craindre que plus tard un des propriétaires reniant son consentement, ne remît tout en question, ou que quelqu'un ne déplaçât les bornes et qu'alors il ne fût très-difficile de retrouver avec certitude l'emplacement des anciennes. Nous conseillons de dresser un écrit par lequel les parties constateront les opérations ; on y désignera les pièces de terre, les endroits où les bornes ont été posées, on décrira les bornes et les *témoins*, on indiquera les distances des bornes entre elles et la longueur des côtés des champs. Les parties peuvent dresser un pareil acte ou le faire dresser par un ami ayant quelque habitude de la rédaction. L'acte doit être écrit sur papier timbré, en autant d'originaux qu'il y a de parties, faire mention de cette formalité, être daté et signé de toutes les parties. Si l'une d'elles ne savait pas signer, il faudrait un acte notarié : cependant, pour économiser les frais, celui qui ne sait pas signer, pourrait donner une procuration notariée à un ami qui le représenterait dans l'acte sous seings privés.

Il est bon de faire enregistrer cet acte, afin qu'il ait date certaine à l'égard de toutes personnes et qu'il puisse au besoin être opposé aux acquéreurs des contractants.

Un bornage constaté comme nous venons de le dire, sera inattaquable. Cependant, à défaut d'indication de points de repère, on ne peut être parfaitement garanti contre les déplacements de bornes ou contre les imputations de pareils déplacements. Pour que le bornage ne laisse rien à désirer, il faudrait donc un procès-verbal d'arpentage conforme à ce que nous avons indiqué plus haut (p. 150); quand les pièces de terre ont une certaine importance, on fera bien de remplir ces formalités qui sont utiles, sans être indispensables.

IV. Bien des propriétaires ont des lots de terre composés d'un grand nombre de champs disséminés dans l'étendue d'une commune, et plusieurs de ces champs ont un nombre assez considérable de tenants et aboutissants : quand on veut faire borner toutes ces pièces, chose fort sage et propre à prévenir une foule d'embarras, il devient assez difficile de s'entendre avec tous ses voisins; quelques-uns sont absents du pays, ne connaissent même pas leurs terres, et sont représentés par leurs fermiers; on est donc obligé de correspondre avec les propriétaires qui souvent mettent peu d'empressement à concourir au bornage proposé; ils ne refusent pas, mais on ne peut tirer d'eux aucune réponse. Voici la marche que j'ai vu suivre en pareil cas, et dont je conseille l'adoption.

Commencez par bien vous renseigner auprès de votre fermier sur l'état de vos terres : informez-vous s'il y a, pour quelques unes, des difficultés, si quelque voisin a sujet de se plaindre d'anticipations, ou en a commis à votre préjudice. S'il existe de telles difficultés, commencez par les régler, prenez tous les renseignements nécessaires, faites droit aux plaintes légitimes; recourez, s'il est besoin, à l'arbitrage, comme j'ai dit plus haut; en un mot, éteignez toute cause de procès.

Quand vous vous serez ainsi assuré que personne ne conteste vos limites actuelles, chargez un arpenteur géomètre d'arpenter vos pièces de terre. Remettez-lui les extraits du cadastre et toutes les notes qui peuvent lui être utiles pour ses opérations dans lesquelles votre fermier devra le seconder. Mais gardez-vous bien de lui remettre vos titres dont il ne doit pas faire usage.

L'arpenteur devra recueillir les noms et domiciles de tous vos voisins, soit d'après les baux et la matrice cadastrale, soit d'après les renseignements que lui donnera le fermier ou qu'il prendra sur les lieux.

Quelques jours avant de se rendre sur les terres pour opérer, il prévient de son arrivée tous les voisins au moyen de lettres par lesquelles il les invite à s'y trouver et à donner leur concours au bornage ; il aura soin d'ajouter qu'il ne s'agit d'aucune dépense pour eux et que le bornage proposé sera entièrement à la charge de celui qui le demande. Quant aux terres dont les propriétaires sont éloignés, il écrit tout à la fois au propriétaire et au fermier.

Au jour dit, il se rend successivement sur les diverses pièces de terre. Il en reconnaît les limites, recherche les bornes anciennes s'il y en a, ou les rochers, fossés ou autres objets qui ont pu autrefois servir de limites ; il interpelle les voisins de déclarer s'ils n'ont aucune objection à faire contre le maintien des limites actuelles et contre le projet de consacrer ces limites au moyen de bornes. S'il y a des objections, on fait tout son possible pour s'arranger à l'amiable, et l'on rectifie, s'il y a lieu, les limites.

Quand on s'est ainsi mis d'accord avec les personnes présentes, on procède à la pose des bornes, sans s'inquiéter des absents, et en prenant bien soin de ne jamais planter de borne sur le terrain d'autrui. Le géomètre lève le plan des lieux, prend ses points de repère, dresse un procès-verbal dont le plan fait partie et y insère tous les renseignements nécessaires pour la constatation des bornes. Il le fait signer par le propriétaire à la requête duquel il agit et par tous les voisins qui ont donné leur concours ; il en fait pour chacun de ces voisins un extrait en ce qui le concerne ; ces extraits sont signés du géomètre et du requérant, et il en est fait mention dans le procès-verbal qui satisfait ainsi à l'obligation d'être fait en autant d'originaux qu'il y a de parties.

Moyennant toutes ces formalités, le propriétaire se trouve en règle avec ceux de ses voisins qui ont concouru au bornage, et c'est déjà un grand point. Quant aux autres, ils ne sont pas liés, il est vrai, par une opération à laquelle ils sont restés étrangers; mais la pose des bornes est le point de départ d'une possession parfaitement définie, ne pouvant plus être critiquée sous prétexte de possibilité d'anticipations graduelles. Plus il s'écoulera de temps, plus il deviendra difficile à ces voisins d'ébranler cette possession qui finalement deviendra inattaquable après le laps de trente ans.

V. Si votre champ est borné en tout ou en partie, si les bornes ont été posées sans que vous ni vos auteurs y ayez donné votre concours, si du reste vous n'avez aucun sujet de croire qu'il y ait eu anticipation de part ou d'autre, acceptez la délimitation telle qu'elle existe. Acceptez les bornes : peu vous importe par qui et comment elles ont été mises. Pour leur donner plus d'autorité et prévenir toute difficulté, faites avec votre voisin un acte de reconnaissance de bornes, dans la forme que nous avons indiquée plus haut (p. 156, 157).

VI. Si vous êtes assigné en bornage, tâchez de faire comprendre à celui qui vous assigne, qu'au lieu de plaider, il vaudrait mieux s'arranger à l'amiable; indiquez-lui comment vous pensez que l'opération devrait se faire, et pour le cas où vous ne parviendriez pas à vous mettre d'accord sur la ligne divisoire, offrez le moyen simple et peu coûteux d'un arbitrage.

VII. Si vous ne pouvez pas parvenir à vous mettre d'accord avec vos voisins et que vous soyez forcé de procéder à un bornage judiciaire, proposez, dès le début du procès, à votre adversaire de proroger la juridiction du juge de paix, de sorte que ce magistrat demeure compétent, quelles que soient les contestations qui puissent s'élever sur la propriété ou sur les titres. Nous avons fait voir ci-dessus (p. 151, 152) les avantages de cette mesure qui peut prévenir des complications fort dispendieuses.

Si le procès se suit, faites tous vos efforts pour faire prévaloir les principes que dictent la raison et l'équité, que consacre la loi, et que nous avons exposés. Nous supposons que vous n'avez rien à vous reprocher et que vous êtes certain de n'avoir commis, par vous ou par vos gens, aucune usurpation au préjudice de votre adversaire : si vous aviez à vous plaindre d'une usurpation de sa part, vous auriez à en faire la preuve à vos risques et périls; mais s'il n'est articulé de part ni d'autre aucune anticipation, alors concluez formellement à ce que le bornage soit fait conformément aux possessions actuelles. Nous avons développé les moyens sur lesquels vous aurez à appuyer cette thèse. Il est possible que votre adversaire, s'il n'est pas égaré par l'entêtement ou les mauvais conseils, comprenne qu'il est de son intérêt bien entendu d'acquiescer à ces conclusions; alors le juge, quand même il serait théoriquement d'un avis contraire, ne peut se dispenser de vous adjuger vos conclusions en ordonnant le bornage d'après la possession. Dès lors, il n'y a, à proprement parler, plus de procès; vous aurez un bornage amiable avec les formes judiciaires, vous échapperez à la griffe des vautours.

Si au contraire votre adversaire combat la possession et demande que le bornage se fasse d'après les titres, si, malgré vos efforts, ce système est admis par le juge, il se présentera, pour l'exécution du jugement, une question assez délicate et dont, à ma connaissance, aucun auteur n'a parlé. Il s'agit de savoir si un pareil jugement doit être réputé *préparatoire* ou *interlocutoire* (1). Il faudra distinguer comment le jugement est

(1) Pour ceux de nos lecteurs qui ne seraient pas familiers avec le langage de la procédure, nous croyons devoir citer les textes qui régissent cette question.

Article 452 du Code de Procédure civile : « Sont réputés préparatoires conçu. Si le juge, considérant que pour bien apprécier quelle doit être la délimitation des pièces de terre il est indispensable d'examiner les titres, en ordonne la production, un tel jugement ne préjuge pas le fond et doit être considéré comme préparatoire; mais si le juge, après avoir entendu la discussion des moyens présentés de part et d'autre, adopte ceux de la partie qui a demandé que le bornage se fît conformément aux titres et en ordonne en conséquence la production, ou même si, sans se prononcer formellement sur ces moyens, il ordonne comme moyens d'instruction cette production et l'arpentage des pièces de terre, opération qui suppose nécessairement la mise en question des limites, sans avoir égard à la possession, alors un tel jugement préjuge évidemment le fond et est interlocutoire.

Dans le premier cas, vous pouvez exécuter le jugement, c'est-à-dire produire vos titres sans faire de réserve; néanmoins, pour qu'on ne puisse tirer aucune conséquence défavorable de votre production, vous ferez bien de la faire précéder de conclusions par lesquelles vous demanderez acte de ce que vous déclarez ne produire vos titres que comme pouvant servir de renseignements sur l'identité des pièces de terre, tout en protestant contre la prétention d'opposer à l'une des parties les titres de l'autre, de reconnaître à des titres non contradictoires aucune autorité dans la cause quant à la contenance des pièces à borner.

les jugements rendus pour l'instruction de la cause et qui tendent à mettre le procès en état de recevoir le jugement définitif. Sont réputés interlocutoires les jugements rendus lorsque le tribunal ordonne avant dire droit, une preuve, une vérification ou une instruction qui préjuge le fond. »

Article 451 : « L'appel d'un jugement préparatoire ne pourra être interjeté qu'après le jugement définitif et conjointement avec l'appel de ce jugement, et le délai de l'appel ne courra que du jour de la signification du jugement définitif; cet appel sera recevable, encore que le jugement préparatoire ait été exécuté sans réserves. L'appel d'un jugement interlocutoire pourra être interjeté avant le jugement définitif; il en sera de même des jugements qui auraient accordé une provision. »

L'article 31 prescrit les mêmes règles pour la procédure devant les juges de paix.

Dans le second cas, l'exécution du jugement, notamment la production de vos titres, entraînera contre vous la déchéance du droit d'appeler du jugement interlocutoire. Vous aurez donc à examiner lequel vous est le plus avantageux, de vous soumettre à ce jugement ou d'appeler. On ne peut, à cet égard, donner de conseil d'une manière générale : tout dépend des circonstances et surtout de l'importance des intérêts mis en question. Dans la plupart des cas, le plus sage sera d'exécuter : l'appel entraînerait des lenteurs et des frais assez considérables, eu égard au peu d'importance des terrains contestés, qui le plus souvent ne consistent qu'en un ou deux sillons. Il faut considérer en outre que le jugement dont il s'agit, bien qu'il vous préjudicie en vous enlevant le bénéfice de la possession, laisse subsister tous vos autres moyens : de ce que le juge a ordonné la production des titres, il s'ensuit, il est vrai, qu'il préjuge la possibilité d'y avoir égard pour déterminer la contenance des pièces de terre; mais il ne décide pas d'avance que les titres (encore inconnus au moment où la décision est rendue) feront foi de tout ce qu'ils contiennent et serviront de règle inflexible.

Chaque partie ayant produit ses titres, vous aurez à examiner et à critiquer ceux de votre adversaire. Il peut se faire que vous ayez à tirer avantage ou de vices de forme, ou du défaut de concordance; mais, à part ces circonstances accidentelles, il y a une grande question qui n'a pu être résolue par le jugement interlocutoire et qui reste entière, c'est celle de savoir si des titres auxquels ni vous ni vos auteurs n'avez concouru, vous sont opposables. Quand le rapport du géomètre sera déposé et que vous plaiderez sur le fond, soutenez vigoureusement que de tels titres ne peuvent être invoqués dans la cause, appuyez-vous sur l'article 1165 du Code Nap.; si, dans le titre de votre adversaire, il a été stipulé que la vente était faite sans garantie de mesure, insistez sur cette clause qui ôte toute valeur à l'énonciation de contenance; formulez par écrit vos conclusions motivées, et demandez-en acte, de manière que le juge, s'il repousse vos moyens, ne puisse se dispenser de les viser dans son jugement, et se trouve dans l'alternative de vous donner gain de cause ou de violer ouvertement le dit article.

Si vous succombez, je me garderai bien de vous dire : appelez, épuisez tous les degrés de juridiction, soutenez votre bon droit par toutes les voies légales..... Non, ce ne serait pas là un conseil d'ami. N'oublions pas, au contraire, qu'*un mauvais arrangement vaut mieux qu'un bon procès*. Les frais d'une instance en justice de paix sont assez modiques ; il n'en est pas de même de la procédure devant le tribunal de première instance ; le recours en cassation est extrêmement dispendieux. Vous aurez donc, avant tout, à bien peser l'importance du sacrifice que vous impose le jugement rendu contre vous. Surtout ne vous déterminez ni par dépit, ni par haine, ni par un vain amour-propre ; envisagez la chose de sang froid, et ne prenez parti qu'après avoir mûrement réfléchi. S'il s'agit d'intérêts considérables, si votre fortune vous permet de courir les risques d'une lutte judiciaire, si surtout vous appréciez au point de vue du bien général l'utilité qu'il peut y avoir pour la société à combattre une jurisprudence déplorable, alors ne craignez pas d'appeler et de poursuivre la lutte, s'il le faut, jusque devant la Cour de cassation. Moyennant les précautions dont nous venons de parler, le libellé du jugement devra être assez net pour que la question ne puisse être éludée. La violation de la loi étant patente, vous pouvez avec confiance vous adresser à la Cour suprême qui, nous l'espérons, fera justice de la doctrine accréditée par une aveugle routine. Ce résultat me semble tellement désirable que je concourrais volontiers à une souscription ayant pour but de faire les frais d'un tel pourvoi ; et en cas de succès, la reconnaissance publique serait due à celui qui aurait provoqué cette décision salutaire.

VIII. S'il vous arrivait malheureusement d'être assigné en bornage par un individu dont les pièces de terre ne seraient pas limitrophes des vôtres, opposez-lui énergiquement qu'il est sans action contre vous, et demandez à être mis hors de cause. Si la procédure ne tend à rien moins qu'à borner le champtier; si, comme je n'en doute pas, l'immense majorité des propriétaires considèrent l'opération comme un fléau désastreux, concertez-vous pour donner plus de poids à vos efforts. Quand tous les honnêtes gens d'une localité viendront en grand nombre protester contre une procédure ruineuse, machinée par quelques hommes de loi, et déclareront hautement qu'ils ne veulent se mêler en rien des affaires de deux voisins chicaneurs, certes une telle démarche ne peut manquer de produire un excellent effet. Le juge, voyant d'un côté toute une population laborieuse qui ne demande qu'à rester tranquille, et de l'autre des praticiens affamés demandant à l'exploiter au nom de la loi; le juge y regardera à deux fois avant de sanctionner des prétentions aussi monstrueuses.

Il suffit quelquefois d'un peu de fermeté pour arrêter les hostilités. Ainsi, dans un canton de la Beauce, deux voisins étant en procès pour le bornage de leurs champs limitrophes, le juge de paix imagina de mettre en cause tous les propriétaires du champtier. Il avait, je n'en doute pas, les meilleures intentions du monde et croyait rendre service à ses justiciables en leur imposant un bornage général. Pour réduire les frais autant que possible, il invita par lettres les propriétaires à venir dans son cabinet déposer leurs titres et signer un écrit par lequel ils déclaraient consentir à intervenir dans la cause et se tenaient pour ajournés à un jour d'audience déterminé. Beaucoup de ces personnes, cédant à l'autorité du magistrat, firent ce qu'on leur demandait, sans en connaître les conséquences. Mais un des propriétaires, plus versé dans les affaires, refusa énergiquement et annonça que, si on l'assignait, il plaiderait pour être mis hors de cause et résisterait de toutes ses forces à une procédure illégale. Le juge de paix n'osa poursuivre l'exécution de son plan; les deux plaideurs reculèrent devant une mise en cause qui pouvait entraîner des frais énormes, et se résignèrent à se chamailler l'un l'autre, sans faire partager les horions entre la population du village. Sans le refus inattendu d'un des propriétaires, l'affaire se serait engagée sur toute la ligne. Peut-être dira-t-on que, grâce aux interventions volontaires, on aurait enlevé à cette procédure gigantesque ce qu'elle a de dispendieux. Les inconvénients auraient été un peu atténués sans doute; mais une fois le procès commencé, qui peut calculer d'avance quelles en seront les complications tant en première instance qu'en appel et en cassation? La partie liée par son consentement n'aurait pu se désister, puisqu'un désistement n'est possible qu'à la condition d'accorder aux adversaires tout ce qu'ils demandent, et qu'ici la demande était indéterminée et tendait à une révision de toutes les limites du champtier. Chaque intervenant aurait donc été obligé, bon gré mal gré, de rester dans la cause jusqu'au dénouement, de prendre part à tous les incidents, à tous les actes, de supporter une part de tous les frais. L'hydre de la chicane ne lâche aucune de ses victimes : c'est comme ces terribles machines qui, une fois qu'elles ont saisi l'imprudent qui s'en approche, l'étreignent sous leurs dents de fer et le broyent tout entier.

IX. Autant le bornage général est calamiteux quand il a lieu judiciairement, autant il est bienfaisant quand il se fait amiablement, avec le concours volontaire de toutes les parties intéressées. Cette unanimité de consentements est bien difficile à obtenir, et un tel succès est sans doute bien rare. En voici un exemple rapporté par M. Dumay (appendice sur Curasson, nº 52, p. 37) :

« Tous les propriétaires de la commune d'Izeure se sont réunis, et par un compromis notarié, ont chargé deux géomètres expérimentés de procéder à l'opération, en désignant les jurisconsultes appelés à résoudre les questions de droit et d'interprétation ou d'application des titres qui pourraient se présenter. Le plan de tous les fonds du territoire, au nombre de plus de 1,500 parcelles, d'une superficie d'environ 600 hectares, ayant été levé, et les titres remis aux arbitres, il a été procédé à l'assignation de la contenance que devait avoir chaque propriétaire. Les limites des divers climats préalablement déterminées par des bornes particulières, on a tracé des chemins d'exploitation de manière à procurer à tous les héritages une issue directe sur la voie publique, sans passer sur les fonds voisins; une forme régulière fut donnée à chaque pièce de terre; de nombreux échanges ont réuni des parcelles éparses, et des bornes ont été placées aux angles de chaque fonds. Ensuite un plan général des héritages, indicatif de la position des bornes, avec cote de longueurs, largeurs, ouverture d'angles, etc., a été dressé, puis revêtu, par divers actes notariés, de l'adhésion de toutes les parties intéressées. Indépendamment des extraits de ce plan remis à chaque propriétaire, trois originaux en ont été déposés, l'un au nombre des minutes du notaire qui a reçu les actes d'adhésion, l'autre à la mairie de la commune, et le troisième à la mairie du chef-lieu de canton. —On conçoit qu'au moyen d'une semblable opération, tous procès de bornage et d'anticipation seront impossibles pendant plusieurs siècles, ce qui dédommagera amplement les propriétaires de la dépense, d'ailleurs relativement peu considérable, que ce travail a occasionnée. »

Tout en applaudissant à cet heureux résultat, nous devons critiquer le mode adopté. On a fait déposer par les propriétaires leurs titres qui ont servi de base aux délimitations. Ce mode d'opérer est vicieux, entraîne des embarras énormes, a pour résultat inévitable de troubler les possessions acquises, de mettre en question toutes les limites, de dépouiller, sans motif légitime, quelques-uns des propriétaires d'une partie de leurs héritages, et pourrait même, tout aussi bien que les bornages judiciaires contre lesquels nous nous sommes élevé, faire voyager des champs et imposer des échanges arbitraires et désastreux. Si un tel arrangement nous était proposé, nous n'hésiterions pas à le repousser, malgré notre amour pour la concorde; et nous ferions tous nos efforts pour faire prévaloir le mode beaucoup plus simple, plus juste et plus rationnel de bornage d'après la possession.

Nous ferons remarquer qu'un bornage général amiable peut être fait pour un champtier dont le territoire est beaucoup moins grand que celui d'une commune, et alors un nombre beaucoup moins grand de propriétaires étant intéressé à l'opération, il y aurait bien plus de chances de réussir. Les champtiers étant, pour la plupart, distincts et limités, sont sous le rapport du bornage, aussi étrangers les uns aux autres, qu'une commune l'est à une autre commune. Qu'on essaye sur la commune entière : si l'on peut réussir, tant mieux; sinon, qu'on se restreigne à un des champtiers, ce sera encore une excellente chose qu'un accord entre tous les intéressés.

Quand cet accord est obtenu, qu'on réunisse tous les propriétaires, et qu'on demande quels sont ceux qui ont à se plaindre d'anticipations de la part de leurs voisins : ce sera certainement le petit nombre. Que ceux-là formulent leurs griefs; qu'un tribunal arbitral statue promptement et sans frais sur ces difficultés, et par suite rectifie les limites là où des usurpations seront reconnues. Une fois ces réparations effectuées, comme il est bien entendu que personne ne critique l'état de choses actuel, et que chacun ne demande qu'à conserver ce qu'il possède, il n'y a point à s'occuper des titres; ce serait *chercher midi à quatorze heures*. Il suffit de consacrer toutes les possessions actuelles en plantant des bornes aux angles de toutes les lignes séparatives des héritages; puis de dresser un procès-verbal détaillé, comme nous l'avons dit ci-dessus. Les experts chargés de ce travail, délivreront à chacun un extrait pour ce qui le concerne : puis, vu l'importance d'un tel procès-verbal, on fera bien de le déposer en l'étude d'un notaire, afin que, dans la suite des temps, chacun puisse y recourir et suppléer aux extraits qui viendraient à s'égarer. — Par ce mode de procéder, on économise les frais, on opère promptement et simplement, on ne remet en question que ce qui donne lieu à des difficultés sérieuses, et l'on respecte tous les droits acquis.

CHAPITRE XVI.

VŒUX DE RÉFORMES.

Quelque système que fasse prévaloir la jurisprudence, il est certain que le défaut de bornage a de très-grands inconvénients pour la propriété rurale : non seulement il en résulte des causes nombreuses de difficultés, d'embarras, de divisions et de procès; mais en outre les limites des héritages n'ont rien de stable, et les propriétaires, obligés d'être toujours en garde contre les empiètements de leurs voisins, manquent de sécurité. C'est là un mal fort grave; il est indispensable de faire cesser un tel état de choses. Nous allons rendre compte de plusieurs des moyens proposés.

M. Magnin, dans sa dissertation citée ci-dessus (p. 60), voudrait qu'il fût interdit d'insérer dans les ventes la clause de non garantie de contenance. — Il est toujours dangereux et regrettable d'entraver la liberté des transactions; il serait fâcheux que, pour prévenir quelques cas de fraude, on interdit aux honnêtes gens de traiter comme bon leur semble et de stipuler une condition destinée à prévenir les difficultés. Quand le vendeur et l'acheteur sont d'accord sur tout ce qui constitue le contrat et notamment sur la chose vendue, on conçoit que pour éviter tout recours ils n'emploient la contenance que comme moyen de désignation, et que la pièce de terre soit vendue *ainsi qu'elle se poursuit et comporte*. L'acquéreur ne peut se plaindre, puisqu'en acceptant une telle clause il reconnait implicitement qu'il a une connaissance suffisante de ce qui lui est vendu. Quant aux tiers, pourquoi se plaindraient-ils de la rédaction d'un acte qui ne les regarde pas et qui dans aucun cas ne peut leur être opposé?... Il est vrai que d'après M. Magnin tout titre est opposable aux tiers en matière de bornage; mais nous avons fait voir (p. 59) que l'absence de la clause de non garantie de contenance ne remplirait aucunement le but que se propose ce magistrat, et serait éludée avec la plus grande facilité au moyen de billets qui seraient signés en même temps que la vente, mais portant une date postérieure, et par lesquels l'acquéreur renoncerait au recours contre le vendeur pour défaut de mesure, ou reconnaîtrait qu'il lui a été livré la mesure énoncée dans l'acte. D'ailleurs, M. Magnin n'irait sans doute pas jusqu'à interdire de vendre des pièces de terre sans aucune énonciation de contenance dans l'acte, en désignant les pièces par les sections et numéros de section, ce qui équivaut à se référer au cadastre pour la contenance; par cet expédient qui ne présente aucun inconvénient, les parties rempliraient leur but qui est de spécifier la pièce de terre vendue et d'affranchir le vendeur de tout recours pour défaut de mesure, et le moyen proposé resterait sans application. — L'énonciation de contenance ne peut avoir une valeur sérieuse qu'autant qu'il y a arpentage. Or, il serait fort dispendieux et gênant de renouveler cette opération à chaque mutation de la propriété. Quand même cet arpentage aurait lieu, dès qu'il n'est fait qu'entre le vendeur et l'acquéreur, il ne peut faire foi contre les tiers; on se trouve donc par là conduit à les appeler, comme nous le verrons tout à l'heure. — Enfin, dès que l'arpentage deviendrait obligatoire lors des mutations de propriété, il n'en coûterait pas plus de profiter du ministère de l'arpenteur pour borner; le moyen proposé, sous peine de demeurer un expédient insuffisant et sans valeur, n'est donc qu'un fragment du moyen beaucoup plus rationnel consistant dans le bornage général et obligatoire.

M. Mongis (voir ci-dessus, p. 63) voudrait qu'à chaque mutation les voisins fussent appelés à contrôler l'énonciation de contenance qu'il s'agirait d'insérer dans l'acte de vente. Au moins, grâce à cette précaution, cet acte auquel auraient concouru les voisins ferait foi contre eux et pourrait logiquement leur être opposé. Mais ce moyen est d'une exécution impraticable. En effet, les parties seraient obligées de citer par exploit d'huissier les voisins à comparaître devant le notaire chargé de dresser l'acte, ce qui occasionnerait déjà des frais considérables, eu égard surtout au peu de valeur de la plupart des petites pièces de terre qui font journellement l'objet des transmissions. Si quelqu'un des intimés ne comparait pas, il faudra qu'un fonctionnaire public soit investi du droit de donner défaut contre lui et d'autoriser les autres intéressés à procéder malgré sa non comparution : on interdira donc par là la faculté de faire des actes sous seings privés; le ministère du notaire qui maintenant est facultatif, devenant obligatoire, ce sera encore en réalité une aggravation de frais. Les voisins appelés ne peuvent savoir au juste si l'énonciation de contenance, telle que la proposent les parties, est exacte; et quand même ils se croiraient bien renseignés à cet égard, ils peuvent être en désaccord entre eux aussi bien qu'avec les parties; de là nécessité d'un arpentage; troisième augmentation de frais. Il serait tout-à-fait contraire aux principes qui régissent le notariat, d'autoriser le notaire à nommer un arpenteur, quand les parties ne s'entendent pas sur le choix; il faudra donc recourir au juge; quatrième augmentation de frais. Il est certain que, dans bien des cas, toutes ces formalités, accessoires de l'acte de vente, occasionneraient une masse de frais bien supérieure à la valeur du champ vendu. Enfin, à tant faire que d'arpenter, il n'en coûte pas plus de borner; et une fois le bornage bien fait, il n'y aura plus besoin de faire contrôler la contenance lors des ventes ultérieures. Ne pourrait-on pas en venir à ce résultat d'une manière plus complète, avec plus de garanties d'exactitude, et sans attendre l'occasion des ventes particulières? Si les moyens indiqués conduisent au bornage obligatoire, pourquoi ne pas l'adopter comme mesure générale qui remplirait infiniment mieux les vues proposées, que ces deux moyens gênants et dispendieux?

Plusieurs auteurs ont soumis à l'examen du public, des projets de loi sur le bornage. M. G. Rousset, entre autres, a publié un ouvrage intitulé *Projet de loi sur le bornage, précédé d'un exposé des motifs* (1). Il reconnait combien il serait à désirer que toutes les propriétés fussent bornées : mais n'adoptant pas le système d'un bornage général exécuté par l'autorité publique, et repoussant également la contrainte comme moyen d'amener les particuliers à se borner, il propose de refuser la protection légale aux propriétés non bornées, et il veut en conséquence que nul ne puisse disposer légalement de ses droits sur les fonds ruraux non bornés, et qu'aucune demande en justice ne soit admise tant qu'il ne sera pas justifié d'un bornage régulier. Il réglemente par une foule de détails minutieux la procédure de bornage, et il ne donne pas de solution sur les difficultés les plus graves. Quant à la compétence, il laisse subsister l'obscurité si fâcheuse de la loi de 1838 sur la nature des contestations qui rendent le juge de paix incompétent, et par conséquent il ne dissipe pas les incertitudes de la jurisprudence sur cette question si controversée. Il s'abstient également de résoudre la question capitale du principe d'après lequel le bornage doit se faire : il se contente de prescrire à l'expert de consulter les titres, sans distinguer s'ils sont ou non contradictoires, en préférant les plus anciens, de consulter également le cadastre et le rôle des contributions, et de recueillir tous les renseignements propres à faire reconnaitre les véritables limites de la propriété. Que doit-on entendre par *véritables limites?* Sont-ce les limites jusqu'auxquelles la pièce de terre s'est étendue dans un temps quelconque? Mais que doit-on décider si les limites ont varié (ce qui est le cas le plus commun), et combien de temps faut-il qu'elles aient subsisté pour être réputées *véritables?...* L'auteur laisse toutes ces questions indécises. On voit donc que son projet, bien que laborieusement combiné, est insuffisant pour remplir les lacunes de la législation actuelle et ne peut servir de Code du bornage.

M. Boutillier, ancien notaire, dans un article fort judicieux

(1) Brochure in-8°, 1860; Maresq, éditeur.

inséré au *Journal des géomètres* (*Bulletin*, 1860, p. 46), a présenté un projet de loi sur le bornage renfermant d'excellentes dispositions. Il propose que les propriétaires soient tenus de faire borner leurs pièces de terre : la sanction de cette prescription consisterait, au bout de dix ans, en une amende de un franc par an et par chaque pièce de terre non bornée. Il y a bon nombre de propriétaires si insouciants, que l'amende, nous le craignons bien, serait un stimulant insuffisant pour les déterminer au bornage. Dans ce projet, comme dans celui de M. Rousset, on laisse aux particuliers la liberté de borner à leur guise, et l'on indique de procédure que pour le bornage judiciaire. Cette latitude que nous admettons nous-même dans le projet par lequel nous terminons cet ouvrage, nous semble bonne dans un état de choses provisoire. Mais si l'on veut arriver à une véritable constitution de la propriété, on ne peut se contenter d'opérations faites isolément et sans garantie. Beaucoup de particuliers, pour éviter les frais, ne font que poser des bornes aux limites de leur propriété, sans en dresser acte, sans par conséquent prendre aucune précaution pour assurer la stabilité des bornes. D'autres peuvent faire choix de géomètres peu capables, dont les opérations n'offriraient aucune garantie d'exactitude, de sorte que les procès-verbaux concernant diverses pièces d'un même champtier, pourraient se trouver inconciliables, quand il s'agirait par exemple de retrouver l'emplacement de bornes enlevées ou déplacées.

Au lieu de procéder successivement, partiellement, par voie judiciaire, au lieu de laisser les particuliers agir isolément et d'une manière incohérente, ne serait-il pas infiniment préférable d'opérer avec ensemble, méthodiquement, par voie administrative et sans formalités de procédure, de manière que les frais d'exécution répartis proportionnellement à l'impôt foncier, ne constituassent pour chaque propriétaire, qu'une charge minime, et sans aucun embarras?... Ce système a été, à une époque, admis en principe par le gouvernement : voici comment s'exprimait M. le ministre de l'agriculture et du commerce, dans la circulaire par lui adressée aux conseils généraux des départements, le 4 septembre 1835 : « Les anticipations de propriété sont fréquentes et grandement dommageables. Lorsque l'on considère tout l'avantage qu'il y aurait à mettre obstacle à ces empiétements et à tarir ainsi la source principale des contestations relatives à la propriété rurale ; quand on s'aperçoit que les mutations de propriété, souvent indiquées avec inexactitude, diminuent insensiblement chaque année les bienfaits de l'opération du cadastre, on est amené à regretter que dès le principe de cette grande opération, les communes, à mesure que leur territoire a été cadastré, n'aient pas fait limiter les principales divisions cadastrales qui n'avaient pas de limites certaines, par des bornes rattachées à des points fixes et toujours facilement remplacées en cas de disparition. Dans l'intérieur de ces divisions, les géomètres auraient pu indiquer sur les plans la largeur et la hauteur de chaque parcelle, et de cette façon les usurpations auraient été rendues impossibles. — Ce bornage qui n'aurait pas coûté beaucoup de frais pour chaque commune, et dont la dépense aurait été supportée, soit sur les fonds communaux, soit au moyen d'un rôle extraordinaire additionnel à la contribution foncière, pourrait être appliqué à tous les territoires qui ne sont pas encore cadastrés. Quant aux territoires cadastrés, l'opération pourrait se rattacher aux plans de conservation du cadastre dont s'occupe M. le ministre des finances, et qui sera l'objet d'une proposition législative. »

Malheureusement il n'a été donné aucune suite à ces projets.

Pour atteindre complétement le but proposé, et en même temps pour asseoir d'une manière solide la propriété foncière, et préparer les éléments de véritables titres, il y aurait à refaire le cadastre ou plan général et parcellaire du territoire. Ce travail serait considérablement facilité par les opérations géodésiques qui ont précédé la grande carte de France dressée par les officiers d'état-major ; le nouveau plan devrait être assez détaillé pour donner sur chaque parcelle tous les éléments d'une désignation complète, tels que les longueurs de côtés et les angles. — Toutes les parcelles non closes de murs seront bornées, et la position des bornes sera déterminée par des points de repère au moyen de colonnes élevées en nombre suffisant par les soins de l'autorité, et qui demeureront immuables.

Il y aura dans la commune un grand livre de la propriété foncière; chaque propriétaire y aura son compte ouvert où seront portées toutes les parcelles qui lui appartiennent dans la commune. Chaque parcelle aura, sur un registre de détail, son article contenant : 1° le plan de la parcelle, extrait du plan général; 2° l'indication de la section et du numéro de section; 3° la superficie; 4° la nature de la propriété, telle que bâtiment, bois, pré, terre labourable, etc.; 5° énonciation si elle est close de murs ou bornée, et dans ce dernier cas, indication des endroits où sont posées les bornes, et les *coordonnées* (1) de ces bornes par rapport à des lignes fixes ou à des points de repère; 6° les tenants et aboutissants. Une place sera réservée à la suite pour faire mention des

(1) Voici le moyen proposé par M. de Robernier dans son excellent traité *De la preuve juridique du droit de propriété*, pour établir les coordonnées; il peut être facilement compris, même des personnes qui n'ont aucune notion de géométrie.

Dans un des endroits principaux de la commune, par exemple sur la grande place ou à l'entrée de l'église, on élève une colonne qui sera regardée comme la borne-mère, le centre de la commune (rigoureusement le centre n'étant qu'un point, sera l'intersection de l'axe de la colonne avec le plan horizontal mené au pied de cette colonne). Par ce centre, supposons qu'on mène deux lignes droites, se coupant à angle droit, l'une allant de l'Est à l'Ouest (ce sera l'*équateur* communal), et l'autre du Nord au Sud (ce sera le *premier méridien* communal). Tout le territoire de la commune sera ainsi divisé en quatre régions, l'une du Nord-Est (N-E), la seconde du Sud-Est (S-E), la troisième du Sud-Ouest (S-O), et la quatrième du Nord-Ouest (N-O). Cela posé, supposons qu'on veuille déterminer la position d'un point quelconque, comme une borne : on mène de ce point deux perpendiculaires aux lignes capitales dont on vient de parler; et pour désigner exactement cette position, il suffit de donner la distance de ce point à ces deux lignes, en ajoutant l'indication de celle des quatre régions où se trouve le point en question. Qu'il soit entendu, par exemple, que le nombre supérieur indique la *latitude* ou distance du point à l'équateur, et le nombre inférieur la *longitude* ou distance du point au premier méridien; si l'on a $\left\{\begin{matrix}49 \text{ m. } 52\\ 23 \quad 12\end{matrix}\right\}$ N-E, et qu'on veuille trouver le point désigné par

changements qui pourront survenir. Sur une case particulière seront mentionnés les noms, prénoms, profession et domicile du propriétaire de l'immeuble inscrit sous cet article, et les mutations de propriété qui auront lieu.

Préalablement à l'abornement général, le maire de la commune publiera un avis annonçant l'époque où les travaux seront commencés; les propriétaires seront avertis que ceux d'entre eux qui croiraient avoir à se plaindre d'anticipations commises sur leurs pièces de terre par leurs voisins, ont un délai de six mois pour intenter les actions en reprises de terrain; toutes les demandes seront dans ce délai enregistrées à la mairie, ainsi que les jugements rendus sur les instances formées; ces procès, soit qu'il s'agisse de délimitation ou de revendication, seront jugés par le juge de paix, d'après les règles que nous avons posées, c'est-à-dire exclusion des titres non contradictoires, et maintien de la possession jusqu'à preuve d'usurpation. Après l'expiration du délai de six mois, les bornes seront posées conformément aux possessions, sauf l'exécution des jugements rendus sur les demandes inscrites. Quant aux instances à l'égard desquelles les jugements n'auront pas été rendus dans ce délai, elles ne retarderont pas l'opération générale, le bornage ne sera que provisoire pour les

ces renseignements; les lettres N-E indiquent que ce point se trouve dans la région du Nord-Est : à partir du centre C, vous prenez sur le premier méridien une longueur de 49 m. 52 et vous déterminez ainsi un point P duquel vous élevez sur ce premier méridien une perpendiculaire PM; à partir du centre, vous prenez sur l'équateur une longueur de 23 m. 12 et vous déterminez ainsi un point Q duquel vous élevez sur cet équateur une perpendiculaire Q-M; le point M où se rencontreront ces deux perpendiculaires, sera le point cherché. Les deux longueurs 49 m. 52 et 23 m. 12 en sont les coordonnées. Quand on connaît les coordonnées des bornes d'une pièce de terre, on peut, par un calcul facile, en déduire la superficie.

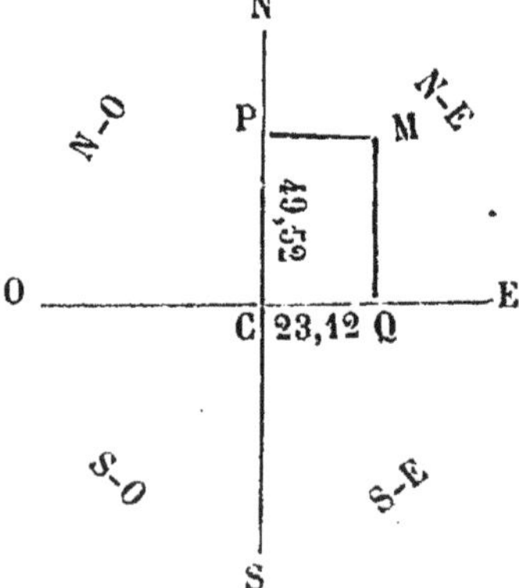

pièces de terre faisant l'objet de procès non terminés, sauf à rectifier après les jugements définitifs; les procès-verbaux feront mention des bornes provisoires. Après un temps très-court, tout provisoire aura disparu.

Une fois le bornage complété, il faudra en rendre les résultats durables et prévenir le retour de l'état d'incertitude auquel il aura mis fin : en conséquence, il sera de règle que nul ne peut prescrire au-delà de ses bornes ; et même tout acte de jouissance au-delà des bornes sera puni comme délit ; l'auteur d'anticipations, sous ce nouveau régime, sera inexcusable d'avoir méconnu des limites manifestes et authentiques, consacrées par l'autorité publique, et porté atteinte à la propriété d'autrui. Les anticipations ne donneront plus lieu à l'action possessoire, mais seulement à l'action civile pétitoire et à l'action criminelle.

Il sera indispensable de tenir les écritures au courant des changements qui surviendront dans la propriété. En conséquence, tout acte contenant transmission de propriété d'immeubles, sera enregistré dans les trois mois, sous peine de nullité (1). Il en sera de même des actes de partage, et généralement des actes apportant un changement quelconque dans la propriété. Ces actes ne seront pas admis à l'enregistrement s'ils ne contiennent le détail de toutes les pièces de terre faisant l'objet des conventions, avec l'indication des sections et numéros de sections. Au moyen des renvois que

(1) Cette obligation n'imposera aucune nouvelle charge à ceux qui se soumettent aux lois et acquittent les impôts : elle ne sera onéreuse que pour les gens qui cherchent à éluder la loi, pour les spéculateurs qui revendent à l'aide d'un prête-nom, en un mot pour les fraudeurs dont le sort est peu digne d'intérêt. Comme cette innovation amènerait au Trésor le recouvrement de sommes considérables dont il est actuellement privé, on pourrait abaisser les droits qui maintenant sont excessifs, par exemple remettre à 4 pour 100 net le droit d'enregistrement sur les ventes, tel qu'il était fixé par la loi du 22 frimaire an VII (le droit actuel est de 6 fr. 05 c. par 100 fr.) En rendant la fraude presque impossible, en assurant l'enregistrement d'une foule d'actes qui maintenant échappent à la formalité, on trouverait pour le Trésor l'équivalent du déficit causé par l'abaissement des droits.

13

feront les receveurs d'enregistrement, toutes les mutations seront effectuées sur les registres communaux qui exprimeront ainsi le véritable état de la propriété. En cas de division d'une pièce de terre, le receveur de l'enregistrement adressera un extrait de l'acte qui la constate, au conservateur du cadastre qui dans un bref délai fera borner les portions de terrain conformément à l'acte, et fera également opérer les mutations sur les registre et plans; l'article du registre concernant la pièce divisée sera supprimé et remplacé par autant de nouveaux articles qu'il y aura de parcelles de cette pièce.

Les avantages d'un tel système sont évidents. Plus de ces anticipations de voisins, qui troublent si souvent la paix des campagnes, plus de procès pour bornage, pour délimitation, ou même pour revendication de portions de terrain incertaines entre pièces contiguës; les limites sont désormais fixées avec une entière certitude; des registres tenus constamment au courant, représentent l'état exact de la propriété, et la suivent dans tous ses changements, dans toutes ses transformations.

On a objecté les dépenses de premier établissement, et la difficulté de trouver un nombre suffisant de géomètres capables de procéder en même temps à un travail aussi colossal. — Quant au dernier point, nous ferons remarquer que l'Etat peut disposer du nombreux personnel des ponts-et-chaussées, des agents-voyers, des contrôleurs des contributions directes, et des officiers d'état-major qui déjà ont été employés à la carte de France : il y a en outre un grand nombre d'arpenteurs particuliers, capables et expérimentés, qui pourraient donner un concours très-utile. En cas d'insuffisance du personnel, on pourrait procéder par parties : on attaquerait successivement les départements, le nouveau régime ne serait mis à exécution qu'au fur et à mesure de la confection des nouvelles matrices, et l'uniformité ne serait établie dans la totalité du territoire qu'au bout d'un certain temps qu'on peut évaluer à dix ans. En attendant ce grand résultat, il serait bon, par mesure transitoire, de fixer législativement les règles et la procédure du bornage, de mettre fin immédiatement aux abus que nous avons signalés ; on ferait prévaloir les principes qui n'auraient dû jamais être méconnus, on substituerait à la déplorable loi de 1838, un mode clair, simple et expéditif de procéder. — Quant à la dépense, elle serait considérable, il est vrai ; on y ferait face au moyen de centimes additionnels à la contribution foncière ; les contribuables seraient amplement dédommagés de cette charge momentanée par les bienfaits du nouveau régime, par la stabilité de la propriété et par la disparition de la plupart des procès concernant les immeubles. Une fois la grande opération terminée, la conservation du nouveau cadastre, l'entretien des registres et plans, l'exécution des opérations partielles auxquelles pourraient donner lieu accidentellement certaines transactions, tout cela pourrait se faire avec le personnel administratif actuel, sans nouveaux frais.

On a encore objecté qu'un bornage général couvrirait la France de procès... Il faut distinguer. Si l'on voulait faire un bornage général en appliquant les règles qui sont actuellement suivies dans la plupart des tribunaux, oui sans doute, on couvrirait la France de procès ; s'il fallait demander à tous les propriétaires l'apport de leurs titres, en faire un examen minutieux, remettre toutes les limites en question, répartir les contenances proportionnellement aux énonciations des titres, rogner les champs par-ci par-là pour en agrandir d'autres, en faire voyager un grand nombre ; si tout cela était assaisonné d'épisodes de déclinatoires, d'incidents variés, de distinctions entre bornage, délimitation et revendication ; ce serait généraliser pour tout l'empire un fléau qui n'est aujourd'hui qu'accidentel et local, ce serait faire de la masse des propriétaires un peuple de plaideurs ; et pour suffire à l'expédition de cette infinité de procès, il faudrait au moins tripler le nombre des juges et celui des avoués et huissiers. Dieu nous préserve d'un tel cataclysme, aussi terrible que les dix plaies d'Egypte !... Mais si l'on procède comme nous l'avons indiqué, s'il est bien entendu que chacun conserve ce qu'il possède et qu'on bornera dans les limites actuelles, sauf le cas exceptionnel de réparation des anticipations dûment prouvées, alors il n'y a à craindre ni agitation, ni inquiétude, ni embarras, ni querelles; les propriétaires accueilleront avec joie une mesure qui les délivrera pour toujours du danger des anticipations et de la menace de procès à ce sujet; on peut affirmer que tout se passera de la manière la plus pacifique. Les seuls procès qui auront lieu, viendront des propriétaires qui auront de sérieux sujets de plainte à l'égard de leurs voisins, et qui voudront faire valoir leurs droits à leurs risques et périls; ce ne sera qu'une imperceptible minorité. L'objection, comme on voit, n'a été inspirée que par le système illogique et désastreux qui a prévalu jusqu'ici dans les affaires de bornage.

M. de Robernier auquel nous avons emprunté, pour la majeure partie, ce que nous avons dit du projet de bornage général, ne se contente pas de faire servir à la fixation des limites des immeubles, la vaste opération dont il expose le plan : il voudrait que le grand livre de la propriété foncière, avec les registres auxiliaires qui en seraient le complément, remplaçât tous les titres de propriété actuels; l'extrait de ce livre pour chaque propriétaire, constaterait son droit de propriété envers et contre tous, de même que l'extrait du grand livre de la dette publique constate le droit du rentier de l'Etat. Pour en venir là, il y aurait à faire une purge générale de la propriété foncière, semblable à ce qui va se faire en Angleterre: chaque possesseur étant présumé propriétaire jusqu'à preuve contraire, serait provisoirement inscrit comme tel; un délai serait fixé pour élever et faire juger les réclamations contraires à la possession; après quoi; il n'y aurait pas d'autre titre de propriété que l'inscription au grand livre, et tous les anciens titres devenus inutiles pourraient être jetés au feu. Le grand livre contiendrait également l'inscription de tous les démembrements de la propriété, tels que usufruit, usage, habitation, emphytéose, antichrèse, baux à long terme, ainsi que des hypothèques. La conservation du cadastre serait réunie à celle des hypothèques, de manière que les mêmes fonctionnaires seraient chargés d'inscrire tous les droits pouvant affecter la propriété. La prescription, comme moyen d'acquérir, serait supprimée ; il n'y aurait plus d'actions possessoires. La possession serait toujours conforme à la propriété ; nul ne pourrait posséder légitimement que les immeubles pour lesquels il serait inscrit au grand livre ; toute possession contraire serait sans valeur ; et le possesseur ne pourrait alléguer sa bonne foi, puisqu'il ne tiendrait qu'à lui de vérifier s'il est propriétaire en consultant les registres fonciers, seule autorité probante. Une possession dénuée de titre ou en désaccord avec le titre, quelque temps qu'elle se prolongeât ne pourrait conférer aucun droit. Il n'y aurait plus de propriété incertaine ; celui-là seul serait réputé propriétaire, qui serait inscrit au grand livre. Plus de ces actions révocatoires ou résolutoires qui tiennent la propriété en suspens ; ceux qui aliènent des immeubles, sont définitivement dessaisis, quoiqu'il arrive, et ne pourront rentrer dans les biens par eux transmis ; seulement, ils pourront faire inscrire leurs priviléges ou hypothèques, comme créanciers éventuels, pour le cas d'inexécution des conditions par leurs cessionnaires. Plus de stellionnat possible, rien n'étant plus facile que de s'assurer par les registres fonciers, si celui qui veut vendre ou hypothéquer un immeuble, en est bien propriétaire.

Nous ne pouvons ici qu'esquisser les traits principaux de ce projet de réforme grandiose, que l'auteur a exposé d'une manière parfaitement lucide, et nous renvoyons à son ouvrage ceux de nos lecteurs qui voudront l'étudier avec l'attention qu'il mérite. Seulement, comme l'exécution est d'une immense difficulté et donne lieu à de graves et nombreuses objections, nous tenons à bien établir qu'on peut en détacher ce qui concerne le bornage, objet exclusif du présent ouvrage : nous souhaitons que l'exposé succinct que nous en avons présenté, détermine un grand nombre de personnes à s'occuper des moyens de perfectionner notre législation sur le bornage, d'affranchir la propriété du fléau de la chicane, et d'introduire la stabilité et la sécurité.

Nous terminerons par un projet de loi qui nous paraît combiné de manière à résoudre de la manière la plus simple et la plus équitable toutes les difficultés concernant le bornage. Nous ne proposons que des mesures immédiatement applicables et pouvant provisoirement suffire en attendant le bornage général dont nous avons exposé les bases. Une réforme aussi considérable ne pourra avoir lieu qu'après que la question aura été longuement mûrie, et que des jurisconsultes et des géomètres éminents auront réuni leurs travaux. Nous n'avons pu donner à cet égard que des aperçus : ce n'est qu'à la suite de nouvelles études qu'il sera possible de formuler un projet qui réponde aux vœux de l'agriculture et de la propriété.

PROJET DE LOI SUR LE BORNAGE.

Article premier. — Tout propriétaire peut demander le bornage avec les pièces de terre contiguës à la sienne.

Art. ii. — Le bornage peut se faire amiablement ou judiciairement.

Art. iii. — La demande en bornage est portée devant le juge de paix de la situation des biens.

Art. iv. — Le juge de paix est compétent, soit qu'il s'agisse de déterminer par des bornes la limite non contestée de pièces de terre contiguës, soit qu'il s'agisse de rechercher les limites incertaines de ces pièces de terre et de les fixer au moyen de bornes.

Il est encore compétent pour statuer sur les demandes en revendication de portions de terrain faisant l'objet d'anticipations de la part de propriétaires riverains.

Art. v. — Le juge de paix cesse d'être compétent quand il s'élève une contestation sur la propriété de la totalité d'une des pièces de terre à borner : alors il se dessaisit en réservant les dépens, et l'affaire est portée, sans préliminaire de conciliation, devant le tribunal de première instance qui statue tant sur la question de propriété que sur le bornage.

ART. VI. — Les jugements rendus par le juge de paix en matière de bornage sont sujets à l'appel.

ART. VII. — Le bornage se fait conformément à la possession :

1° Quand aucune des parties ne se plaint d'anticipation commise à son préjudice ;

2° Quand les parties ou l'une d'elles ayant articulé des anticipations, n'a pu en fournir la preuve.

ART. VIII. — Toute partie qui se plaint d'anticipation, est tenue d'en fournir la preuve à ses risques et périls. Le juge ordonne, suivant les cas, tous moyens d'instruction.

ART. IX. — En cas d'anticipation prouvée, le juge fait rétablir la ligne divisoire telle qu'elle existait avant l'anticipation et y fait poser des bornes.

ART. X. — En aucun cas, on ne peut opposer à une partie des titres qui n'émanent ni d'elle ni de ses auteurs.

ART. XI. — Un propriétaire ne peut mettre en cause que les propriétaires des pièces de terre contiguës à la sienne.

ART. XII. — Tout propriétaire de pièces de terre non bornées, peut les borner lui-même, pourvu que les bornes soient posées sur son terrain.

Mais un tel bornage ne peut préjudicier aux droits des tiers.

En conséquence, le voisin peut demander qu'il soit fait un nouveau bornage sans avoir égard à celui qui a été fait sans son concours.

Il ne peut de son autorité privée arracher les bornes ; mais il doit recourir à l'autorité de justice.

ART. XII. — Les bornes qui n'ont été posées, ni par autorité de justice, ni avec le concours de toutes les parties intéressées, deviennent définitives après un laps de trente ans.

ART. XIII. — Il n'y a pas de fin de non recevoir à l'action en bornage dans l'existence de clôture de haies ou de fossés.

ART. XIV. — Il n'y a pas lieu à bornage quand il existe une clôture fixe et présentant une ligne nettement tracée, telle que murs de maçonnerie.

Art. xv. — Le voisin qui prétendrait que le mur de clôture a été construit sur sa propriété, n'aurait pas l'action en bornage; mais il pourrait agir, soit au possessoire, soit au pétitoire pour faire enlever la clôture et se faire réintégrer dans le terrain dont il aurait été dépouillé. S'il agit au pétitoire, l'action sera portée devant le tribunal de première instance.

Si ses prétentions sont reconnues fondées, la ligne divisoire sera rétablie telle qu'elle était avant l'usurpation, et des bornes seront posées pour la fixer.

Art. xvi. — Nul ne peut prescrire au-delà des bornes.

Art. xvii. — Quand des bornes ont été posées par autorité de justice ou avec le concours de tous les intéressés, ou si elles ont trente ans de date, tout acte de jouissance de terrain au-delà des bornes constitue un délit qui sera puni d'une amende de 20 à 200 francs, et d'un emprisonnement de cinq jours à deux mois, ou de l'une de ces peines seulement; toutefois les tribunaux pourront faire application de l'article 459 du Code pénal.

Art. xviii. — Les frais de bornage sont répartis comme il suit :

1° Les frais de chaque borne sont partagés également entre les propriétaires dont elle sert à délimiter les héritages.

2° Les frais d'arpentage et plans sont répartis entre les propriétaires proportionnellement à la superficie de leurs pièces de terre bornées.

3° Les frais de l'instance en bornage, quand il n'y a pas de contestation, sont partagés également entre les propriétaires parties au bornage.

4° Les frais des incidents sont à la charge de la partie qui succombe.

5° S'il s'élève des contestations qui n'augmentent pas les frais de l'instance, le juge pourra, suivant les cas, mettre une portion de ces frais à la charge de la partie dont la contestation sera reconnue mal fondée, sans préjudice de sa part dans le surplus des dits frais.

ERRATA.

Page 7, ligne 20, *au lieu de* propriété, *lisez* propriétaire.

Page 71, dernière ligne de la note, *au lieu de* Joccottou, *lisez* Joccotton.

Page 97, après l'avant-dernier alinéa, ajoutez la note suivante : « La Cour de cassation a adopté cette doctrine (de l'extension du bornage aux arrière-voisins) par deux arrêts : l'un du 20 juin 1855 (Petit c. Collibert; *Pal.*, 1857, p. 19); l'autre du 9 novembre 1857 (Marquis c. Arthenault; *Id.*, p. 1114.) »

Page 102, ligne 31, *supprimez les mots* dans leurs actes, *qui forment une répétition.*

Page 114, ligne 12, *au lieu de* avec, *lisez* avez.

Page 115, ligne 4 du § 1, *au lieu de* d'énumérer, *lisez* de s'assurer.

Page 139, ligne 5, *supprimez le mot* à.

Page 164, ligne 22, *au lieu de* Maugin, *lisez* Mangin.

TABLE DES MATIÈRES.

PRINCIPES DU BORNAGE.

FIN.

Nogent-le-Rotrou, imprimerie de Gouverneur.

COMMENTAIRE THÉORIQUE [illegible]

DES LOIS D'EX[illegible]

POUR CAUSE D'UTI[illegible]

Par MM. DE [illegible]

Ancien magistrat, avocat [illegible]

Et DEL[illegible]

Docteur en droit, avocat [illegible]

Un beau vol. in-8° [illegible]

LE RÉGIME HYPOTHÉCAIRE [illegible]

Par M. TREMOULET,

Notaire à Villeneuve-sur-Lot, président de la Chambre des notaires.

Un vol. in-8°. — Prix : 5 fr.

LES CODES FRANÇAIS

CONFORMES AUX TEXTES OFFICIELS

AVEC LA CONFÉRENCE DES ARTICLES ENTRE EUX,

Contenant l'indication de la législation intermédiaire, les lois, décrets, ordonnances, avis du Conseil d'Etat, circulaires qui expliquent, complètent, modifient ou abrogent certaines dispositions des Codes; les lois de la presse, les tarifs en matière civile et criminelle, les lois sur l'organisation et la discipline judiciaires, l'enregistrement, le timbre, les hypothèques, les droits de greffe, etc., spécialement tous les textes donnés comme matières de thèses par la Faculté de Droit de Paris; précédés d'une table chronologique, et suivis d'une table alphabétique. — Nouvelle édition entièrement refondue et augmentée des Codes de justice militaire pour les armées de terre et de mer,

Par M. P. ROYER-COLLARD,

Avocat à la Cour impériale, professeur de la Faculté de Droit de Paris,

AVEC LA COLLABORATION DE

M. FR. MOURLON,

Docteur en Droit, auteur des *Répétitions écrites sur le Code Napoléon*;

Continuée et mise au courant chaque année par un supplément paraissant après la session législative.

Un vol. grand in-8°. — Prix : broché, 15 fr.; relié, 17 fr.

Y compris l'abonnement au supplément pour les années 1859, 60, 61, 62 et 63.

Les mêmes, édition in-18, contenant les matières des thèses à l'usage des élèves des facultés. — Broché, 5 fr.; relié, 6 fr.

Les mêmes, édition elzévirienne, format de poche. — Broché, 5 fr.; relié, 6 fr.

L'abonnement quinquennal est également donné pour les Codes in-18 et in-32.

Nogent-le-Rotrou, imprimerie de A. GOUVERNEUR.

www.ingramcontent.com/pod-product-compliance
Ingram Content Group UK Ltd.
Pitfield, Milton Keynes, MK11 3LW, UK
UKHW031046260726
13965UKWH00006B/674

9 782013 405546